안심노트

공중보건

2025

보건직 | 의료기술직 | 보건연구사 | 보건진료직 | 군무원

안진아 공중보건 핵심이론 요약노트

2025

안심노트
공중보건

안진아 공중보건 핵심이론 요약노트

5판 1쇄 2024년 12월 10일

편저자_ 안진아
발행인_ 원석주
발행처_ 하이앤북
주소 _ 서울시 영등포구 영등포로 347 베스트타워 11층
고객센터_ 1588-6671
팩스 _ 02-841-6897
출판등록_ 2018년 4월 30일 제2018-000066호
홈페이지_ gosi.daebanggosi.com
ISBN _ 979-11-6533-514-4

정가_ 15,000원

다양한 목표를 바라보며 공중보건학을 공부하시는 수험생 여러분!

공중보건학은 일반 과목과는 다르게 여러 학문이 모여서 한 과목을 이루는 복합적이고 광범위한 학문입니다. 너무나 많은 과목이 하나의 학문으로 합쳐지다 보니 그 범위는 상상 이상으로 광범위하며 출제 가능한 이론은 끝없이 많습니다. 시험을 제대로 준비하기 위해서는 전체 이론을 담고 있는 기본서와 문제풀이를 통해 포괄적이고도 깊이 있는 학습을 해야 합니다.

하지만 좀더 핵심적이고 중요한 이론을 요약정리한 책이 있다면 많은 수험생들이 학습의 효율을 올릴 수 있겠다는 생각이 들었고, 강의 중 별도의 자료를 통해 요약정리를 해 드려왔습니다. 생각 이상으로 많은 합격생들이 요약정리된 자료의 도움을 받았다는 합격후기를 남겨 주셨습니다. 그래서 좀 더 체계적이고 효율적인 학습을 돕기 위해서 본 교재를 출간하게 되었습니다.

본 교재의 특성은 아래와 같습니다.

1. 빈출 내용을 쉽게 정리할 수 있도록 영역을 구분하고 표를 통해 정리하여 한눈에 이론의 흐름을 파악하고 개념을 정리할 수 있도록 하였습니다.

2. 단원별 심화이론이 포함되어있습니다. 심화이론은 공무원시험에서 출제가능한 고난도의 이론들로, 기본서를 통해 전체적인 내용을 학습한 뒤 안심노트로 핵심을 정리하면서 어려운 심화 문제, 새롭게 출제되는 유형의 문제에 대비할 수 있도록 하였습니다.

3. 언제, 어디에서나 손에 들고 다니면서 공부할 수 있도록 크기를 조정하였습니다. 무거운 기본 이론서를 소지할 수 없을 때나, 이동하고 있는 중에도 가볍게 볼 수 있도록 하였습니다.

공중보건학의 수많은 이론 중 어떤 내용을 포함시켜야 할지, 어떤 틀로 구성하여야 수험생 입장에서 학습의 효율을 더욱 높일 수 있을지 많은 고민을 거쳐 만들어진 교재입니다. 이 책이 수험생 여러분의 합격이라는 목표에 많은 도움이 될 수 있기를 바랍니다.

수험생 여러분의 도전과 노력을 진심으로 응원하겠습니다.

2024년 10월
안 진 아

목 차

제 1 장 공중보건학의 이해

▌공중보건▐ ....

정의	**윈슬로(Winslow, 1920)** ▶ 조직적인 지역사회의 노력을 통하여 ① 질병을 예방하고 ② 수명을 연장시키며, ③ 신체적·정신적 효율을 증진시키는 기술이며 과학이다. ▶ 조직적인 지역사회의 노력 ① 환경위생 관리 ② 전염병 관리 ③ 개인위생에 관한 보건교육 ④ 질병의 조기 발견과 예방적 치료를 할 수 있는 의료 및 간호서비스의 조직화 ⑤ 자신의 건강을 유지하는 데 적합한 생활수준을 보장받을 수 있는 사회제도의 발전
공중 보건 사업	(1) 대상: 지역사회/지역사회 주민 (2) 3대 핵심원칙: 참여(participation), 형평(equity), 협동(collaboration) (3) 3대 사업수단: 보건봉사, 보건법규, 보건교육 (4) 기획과정 　기획팀 조직 → 지역사회 현황 분석 → 우선순위 결정 → 목표 설정 → 사업계획 　작성 → 실행 → 평가
우선 순위	(1) J. Brayant: 유병도×심각도×난이도×주민관심도 (2) BPRS＝(A＋2B)C/3 (A－문제의 크기, B－문제의 긴급성, C－사업의 효과) (3) Golden diamond: 보건지표의 상대적 크기와 변화의 경향을 이용하여 결정하여 형평성 추구에 적합
목표	**목표기준 SMART** • Specific(구체적) • Measurable(측정가능) • Appropriate(적절한) • Reasonable(합리적) • Timed(기한)

	개인 또는 집단의 행태는 개인적 요인, 개인 간 관계 및 일차집단, 조직 요인, 지역사회 요인, 정책요인의 상호작용에 영향을 받으므로 이들 각 수준에 영향을 미치는 전략을 다양하게 사용하는 것이 바람직하다.	
기획 전략: **생태학적** **모형**	**단계**	**정의**
	개인적 **요인**	지식, 태도, 행동, 자아 인식, 기술과 같은 개인의 특성, 개인의 발달사를 포함한다.(교육, 행태개선훈련, 직접서비스 제공, 유인 제공)
	개인간 **관계 및** **일차 집단**	가족, 직장동료, 친구 등을 포함하는 공식적, 비공식적 사회적 관계망과지지 시스템(네트워크 활용 및 개발, 후원자·동료 활용, 자조집단 형성, 자생집단 지도자 활용)
	조직 요인	조직적 특성을 지닌 사회적 기관들, 공식적 비공식적 규칙과 규제 (조직개발 이론 및 조직관계 이론 적용)
	지역사회 **요인**	일정한 경계 안에서 이루어지는 조직, 기관, 비공식 네트워크 사이의 관계(이벤트, 매체홍보, 사회마케팅, 지역사회 역량 강화)
	정책 요인	각급 정부의 정책과 법(옹호, 정책개발)
평가 **기준**	(1) 서치먼(Suchman)의 평가 기준 업무량, 성과, 성과의 충족량, 효율, 업무진행과정 (2) 미국공중보건협회 평가 항목 사업의 적합성, 사업량의 충족성, 사업의 효과성, 사업의 효율성, 사업에 의한 부수적 효과	

서양 공중보건 역사

고대기	중세기	여명기
기원전~500년	500~1500년	1500~1850년
장기설	접촉감염설	르네상스, 산업혁명 공중보건사상 싹틈
• 그리스: 히포크라테스 장기설, 4체액설 • 로마: 갈레누스 장기설, 위생(hygiene)용어 사용	• 14세기 징기스칸 유럽정벌로 유럽전역 페스트 대유행 • 1383년 프랑스 마르세이유 검역소 설치, 검역법 제정	• 존 그란트: 최초의 보건통계(1662) • 라마치니: 노동자 질병론, 산업보건에 이바지(1700) • 스웨덴, 최초의 국세조사(1749) • 프랭크: 전의사경찰체계, 보건행정확립(1779) • 제너: 우두종두법(1798) • 에드윈 채드윅: 열병보고서 발표, '영국 노동자 위생상태보고서 작성(1842)' • 영국: 1848년 최초의 공중보건법 제정

확립기	발전기
1850~1900년	1900년대 이후
세균학설기, 예방의학사상 싹틈	국제보건기구 발족, 사회보장제도 발전
• 존 스노우: 콜레라역학조사, 최초의 기술역학(1855) • 페텐코퍼: 실험위생학 기초, 환경위생 강조 • 파스퇴르: 특정병인론, 저온살균법 개발, 닭콜레라 백신(1880), 광견병백신(1884) • 코흐: 탄저균(1876), 파상풍균(1878), 결핵균(1882), 콜레라균(1883) 발견 • 비스마르크: 노동자 질병보호법(1883)	• 1948년 세계보건기구 발족 • 1978년 알마아타 회의: 1차 보건의료 강조 • 1986년 오타와 회의: 건강증진 강조

구분	고려시대	조선시대
의료행정	태의감(대의감)	전의감
왕실의료	상의국, 상약국	내의원
서민의료	혜민국	혜민서
빈민구호	제위보	제생원
전염병 환자	동서대비원	동서활인서

근세 이후 보건행정조직 변천
위생국(1894) → 경찰국 위생과(1910) → 위생국(1945) → 보건후생부(1946) → 사회부(1948) → 보건부(1949) → 보건사회부(1955) → 보건복지부(1994) → 보건복지가족부(2008) → 보건복지부(2010)

대두	알마아타회의(WHO, 1978) (1) 의제: Health for All by the Year 2000(HFA 2000) (2) 알마아타 선언 • 일차보건의료는 과학적 방법으로 지역사회가 수용할 수 있어야 한다. • 주민의 적극적인 참여 속에 개개인이나 가족 단위의 모든 주민이 쉽게 이용할 수 있어야 한다. • 국가나 지역사회가 재정적으로 부담이 가능한 방법이어야 한다. • 국가의 보건의료체계상 핵심으로써 지역사회 개발 정책의 일환으로 유지되어야 한다. • 일차보건의료는 질병의 치료나 예방 활동, 신체적·정신적 건강 증진과 사회적 안녕 및 생활의 질적 향상을 실현할 수 있어야 한다.
특성	접근성, 수용가능성, 주민참여, 지불부담능력, 포괄성, 유용성, 지속성, 상호협조성, 균등성(4A: 접근성, 수용가능성, 주민참여, 지불부담능력)
필수 요소	① 주요 보건 문제의 예방 및 관리 방법에 대한 교육 ② 식량 공급의 촉진과 적절한 영양의 증진 ③ 안전한 식수의 공급과 기본적 위생 ④ 가족계획을 포함한 모자보건사업 ⑤ 주요 감염병에 대한 예방접종 ⑥ 지방풍토병의 예방 및 관리 ⑦ 흔한 질병과 외상의 적절한 치료 ⑧ 필수의약품 제공 ⑨ 심신장애자의 사회의학적 재활(추가된 항목)
접근 방법	① 예방에 중점 ② 적절한 기술과 인력 사용 ③ 쉽게 이용 가능하도록 전개 ④ 원인추구적 접근방법 사용 ⑤ 지역사회가 쉽게 받아들일 수 있는 사업방법 사용 ⑥ 지역사회의 적극적인 참여 유도 ⑦ 관련분야의 상호협력 ⑧ 지불부담능력에 맞는 보건의료수가 ⑨ 자조정신과 자립정신 배양 ⑩ 지역사회 특성에 맞는 보건사업 추진

마이어스의 양질의 보건의료서비스 요건 요약	
접근 용이성	지리적 · 시간적 접근성 확보, 인력 · 시설의 지역적 편중 해소, 일차의료기관, 포괄적 의료서비스 제공, 급여의 양
질적 적정성	최신의 과학적 지식, 인력의 질, 적절한 의뢰 · 상담, 환자와의 신뢰, 기술적 과정 · 의료기관 조직구조 · 관리를 통한 질 향상, 행정적 노력(법적 표준, 교육기관 평가, 병원표준화심사, 의료의 질 평가사업, 보험진료기관의 기준 등)
연속성	전인적 의료, 의료기관들의 유기적 관계, 지속적인 의료(종합적인 기록관리, 신뢰받는 의료기관)
효율성	한정된 자원의 효율적 활용, 적절한 보상, 효율적 관리(집단수준의 위험관리, 경제적 합리성 추구−수가수준, 행정의 효율화, 경제성 등)
미국공중보건학회 분류	
접근 용이성	개인적 접근성, 포괄적 서비스, 양적인 적합성
질적 적정성	전문적인 자격, 개인적 수용성, 질적인 적합성
지속성	개인중심의 진료, 중점적인 의료 제공, 서비스의 조정
효율성	평등한 재정, 적정한 보상, 효율적 관리

Lee & Jones	Donabedian	바람직한 의료
① 의과학에 기초 ② 예방의 강조 ③ 의사와 환자의 긴밀한 협조 ④ 전인적인 치료 ⑤ 의사와 환자의 지속적이고 친밀한 인간관계 ⑥ 사회복지사업과 연계 ⑦ 다양한 보건의료서비스와 협조 ⑧ 과학적인 현대 의료서비스의 제공(필요충족에 요구되는 모든 보건의료서비스의 제공)	① 효능: 보건의료의 과학과 기술을 가장 바람직한 환경에서 사용하였을 때 건강을 향상시키는 능력 ② 효과: 의료서비스를 제공하는 일상적인 환경에서 성취할 수 있는 건강수준향상 능력 ③ 효율: 특정 건강수준을 획득하는 데 사용한 비용을 측정하는 것 ④ 적정성: 비용에 대한 상대적인 의료의 효과 또는 편익 ⑤ 수용성: 의료의 효과에 대한 환자와 환자가족의 기대 ⑥ 합법성: 사회적 선호도와 개인의 수용성의 일치 정도 ⑦ 형평성: 의료서비스의 분포와 의료의 편익이 인구집단에게 얼마나 공평하게 제공되는가	① 효과성 ② 안전성 ③ 환자중심성 ④ 적시성 ⑤ 효율성 ⑥ 형평성

기본 내용	① 1948년 4월 7일 발족 ② UN 보건전문기관 ③ 본부: 스위스 제네바 ④ 사무총장 임기 5년, 연임 가능 ⑤ 예산: 회원국의 법정분담금과 자발적 기여금
6개 지역 사무소	① 동지중해 지역: 카이로(이집트) ② 동남아시아 지역: 뉴델리(인도) → 1973년 북한 138번째로 가입 ③ 서태평양 지역: 마닐라(필리핀) → 1949년 우리나라 65번째로 가입 ④ 범미주 지역: 워싱턴 D.C.(미국) ⑤ 유럽 지역: 코펜하겐(덴마크) ⑥ 아프리카 지역: 브라자빌(콩고)
주요 보건 사업	① 결핵관리사업 ② 모자보건사업 ③ 영양개선사업 ④ 환경위생사업 ⑤ 보건교육사업 ⑥ 성병 · 에이즈사업 ⑦ 말라리아사업
입헌적 직무	• 국제보건사업의 지도와 조정 • 회원국 간의 기술원조 장려

▌건강▐

WHO	건강은 질병이 없거나 허약하지 않을 뿐만 아니라 육체적, 정신적, 사회적 안녕이 완전한 상태
파슨스 (T. Parsons)	건강이란 각 개인이 사회적인 역할과 임무를 효과적으로 수행할 수 있는 최적의 상태
베르나르 (C. Bernard)	건강이란 외부 환경의 변화에 대하여 내부 환경의 항상성(homeostasis)이 유지된 상태
던 (Dunn, 1959)	건강-불건강 연속선 개념. 건강과 질병은 연속선상에서 유동적으로 변화하는 상태
건강 결정 주요 4요인	생활습관, 환경적 요인, 생물학적 요인, 보건의료체계

▌건강모형▐

생의학적 모형	생태학적 모형	사회생태학적 모형	전인적 모형 (총체적 모형)
• 심신이원성 • 질병은 생물학적 일탈 • 특정병인론 • 질병의 보편성 • 과학적 중립성 • 전문가 중심 의료 체계 • 과도한 개입주의 (치료중심) • 잔여적 건강 개념	• 숙주, 병인, 환경이 평형을 이룰 때 건강을 유지하고, 균형이 깨질 때 불건강해진다는 모형	• 개인의 사회적, 심리학적, 행태적 요인을 중시하는 모형 • **구성요소:** <u>숙주요인, 외부환경 요인, 개인행태요인</u>	• 건강과 질병은 연속선상에 있으며, 질병은 다양한 복합 요인에 의해 발생되는 것. • **구성요소:** <u>생활습관, 환경, 생물학적특성, 보건의료 체계</u>

┃질병 자연사 및 예방┃ ···

비병원성기	초기 병원성기	불현성 질병기	현성 질병기	회복기
병인, 숙주, 환경 상호작용	병인의 자극 형성	병인 자극에 대한 숙주 반응	질병	회복 또는 사망
건강증진 환경개선 생활양식개선	특수예방 예방접종	조기진단 조기치료	악화방지 장애방지를 위한 치료	재활, 사회복귀
1차 예방		2차 예방	2차 또는 3차 예방	3차 예방

┃만성질환의 1차, 2차, 3차 예방 사례┃ ···

1차 예방 (건강증진)	• 지역 성인교육센터의 영양 강좌 • 직장 점심식사에서 저지방식 제공 • 지역 농산물 시장의 과일 및 야채 공급량 증진 캠페인
2차 예방 (위험평가 및 위험저감)	• 심혈관 질환 고위험군의 영양상담 프로그램 • 심혈관 질환 가족력이 있는 사람들의 콜레스테롤 선별검사 • 임신당뇨 병력이 있는 여성들의 당뇨병 교육 프로그램
3차 예방 (치료 및 재활교육)	• 신장병 환자의 영양의학적 치료 • 관상동맥 수술환자의 심장 재활 • 당뇨병환자에 대한 자가 관리 심층교육

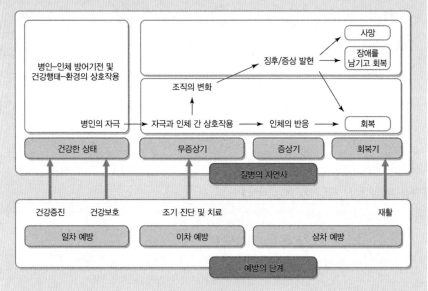

질병 발생단계별 예방대책

(1) 일차 예방

건강한 상태에 있는 개인 또는 인구집단의 건강을 보호 또는 증진하는 것과 질병발생을 예방하는 것이다.

① 건강증진 방법
  ㉠ 보건교육을 통하여 적절한 영양섭취와 적절한 운동을 하게 함
  ㉡ 흡연, 과음, 위험한 성행위 등 건강의 위해요인을 피하도록 함
  ㉢ 자동차 안전벨트나 헬멧과 같은 보호장구의 사용으로 손상을 방지
  ㉣ 산모의 교육을 통해 자기 건강관리와 모유수유를 하도록 함
  ㉤ 쾌적한 생활환경 및 작업환경의 조성

② 질병 발생의 예방 방법
  ㉠ 예방접종, 개인위생관리, 안전한 식수 공급과 하수처리 등 환경위생 관리
  ㉡ 소음과 분진과 화학물질이나 방사능 등 유해작업환경으로부터 보호
  ㉢ 추락이나 익수나 화재 또는 교통사고 등을 방지할 수 있도록 시설 또는 제도적 장치를 통한 손상 예방
  ㉣ 비타민이나 철분과 같은 특수 영양소 보충
  ㉤ 발암물질로부터 보호, 알레르기 항원으로부터 보호, 혼전 상담을 통한 유전질환 예방

---

1) 대한예방의학회, 예방의학과 공중보건학(제4판), 계축문화사, 2021, p.23.

(2) 이차 예방

무증상기의 개인 또는 인구집단의 불건강 상태를 조기에 발견하여 조기 치료 또는 효과적인 대응을 함으로써 큰 병으로 발전하는 것을 막거나, 전염병의 확산을 막거나, 합병증 또는 후유증을 막거나, 장애기간을 줄이는 것으로 선별검사, 환자발견, 건강진단 등이 대표적이다.

① 선별검사
  ㉠ 신생아를 대상으로 페닐케톤뇨증(PKU, phenyl-ketonuria)과 같은 선천성 대사이상, 선천성 갑상샘 기능저하증, 청력장애 등을 찾아내어 조기에 적절한 치료를 함으로써 장애를 방지하는 것
  ㉡ 팝도말검사(pap smear)로 자궁목암을 조기에 발견하는 것
  ㉢ 안압 측정 또는 시신경유두검사로 녹내장을 조기에 발견하는 것

② 환자발견
  ㉠ 흉부 X-선 검사로 폐결핵 환자를 찾아내고, HIV항체검사로 HIV감염자를 찾아내 치료를 시작하여 중증 폐결핵환자로 또는 AIDS로 진행하는 것을 막을 수 있다(이차예방).
  ㉡ 동시에 다른 사람에게 전파하는 것을 막을 수 있으므로 일차예방이 되기도 한다.

③ 건강검진
  ㉠ 개인 또는 특정 인구집단을 대상으로 특정 질병을 조기에 진단하기 위하여 개인 또는 인구집단의 특성에 맞추어 필요한 검사를 하는 것
  ㉡ 최근에는 종합건강검진이라는 이름으로 각종 혈액검사, PET-CT를 포함한 영상의학을 이용한 검사, 내시경검사 등 첨단 진단기법을 이용하여 암, 심혈관질환, HIV 감염 등 만성질환을 조기진단함

(3) 삼차 예방
① 증상기 또는 회복기 환자의 기능장애 또는 사망을 방지하고, 지속적인 질병의 고통을 완화하며 환자를 적응시키고, 기능장애를 복구하거나 남은 기능을 최대한 활용하도록 훈련하거나(재활), 장애를 가진 사람을 가능한 한 직장에 복귀하도록 돕는 것 등이다.
② 퇴행성관절염 환자를 지속적으로 관리하여 관절이 굳어지는 것을 방지하는 것

(4) 뇌졸중과 같은 만성질환은 보건교육을 통해 위험요인을 제거하여 발병 자체를 막는 일차 예방이 제일 좋고, 고혈압 선별검사로 고혈압을 일찍부터 치료하여 뇌졸중 발생을 막는 이차 예방이 차선책이며, 뇌졸중이 발생하여 외과적 또는 내과적 치료로 생명을 구하여도 신경학적 후유증이 생긴 경우 재활치료로 기능회복을 돕는 삼차예방을 하는 것이 마지막 수단이 된다.

1. 제프리 로즈(Geoffrey Rose)의 예방의학 전략

임상역학자 제프리 로즈(Geoffrey Rose)는 개인들의 불건강과 그들이 속한 인구집단 건강수준 사이의 관계에 대한 깊은 통찰로부터 예방의학의 두 가지 전략을 구분했다.

(1) 고위험 전략

  ① 고위험 전략은 우리가 흔히 접하는 방식으로 선별검사를 통해 고위험 개인들을 가려내고 이들에게 예방 서비스를 제공하는 접근이다.

  ② 이는 질병 발생 가능성이 가장 높은 이들에게 노력을 집중하고, 기존 보건의료체계의 틀을 활용한다는 점에서 매력적이다.

  ③ 가장 필요가 큰 개인들에게 집중한다는 점에서 의사와 환자 모두에게 유인동기가 크고, 굳이 도움이 필요 없는 이들에게 간섭하지 않는다는 점에서 낭비를 피할 수 있다.

  ④ 또한 치료에 초점을 두는 기존의 의학적 기풍과 조직에 잘 부합하며, 자원을 비용 효과적으로 활용할 수 있다는 장점이 있다.

  ⑤ 하지만 예방이 의료화된다는 점, 사회와 동떨어진 개인의 행동 변화는 지속되기 어렵다는 점, 타당하고 저렴한 선별검사와 관리 수단이 불충분하다는 문제가 존재한다. 무엇보다도, 의학의 발전에도 불구하고 개인별 위험을 예측하는 능력은 여전히 제한적이며, 고위험군은 상대적으로 소수이기 때문에 인구집단 차원의 예방효과는 미미하다는 것이 큰 단점이다.

(2) 인구집단 예방 전략

  ① 인구집단 예방 전략은 인구집단의 위험 분포 전체를 이동시키는 접근을 말한다.

  ② 현실에서는 관리를 위해 질병과 건강상태를 임의로 구분하지만 실제로 질병 위험은 연속성을 가지며, 인구집단 내 환자의 대부분은 상대적으로 위험은 낮지만 유병률은 높은 집단에서 발생한다는 관찰로부터 출발한다.

  ③ 이러한 전략은 질병의 근본적 결정요인에 개입하며, 인구집단 전체에 미치는 영향이 크고, 개인 건강행동의 맥락을 고려하는 타당한 접근이라는 장점을 갖는다.

  ④ 그러나 선별검사처럼 임상의사와 개인들에게 익숙한 방법은 아니다. 또한 질병의 근본적 결정요인에 대한 사회적 · 정치적 관심이 높지 않고, 인구집단 전체를 대상으로 할 때 의도치 않은 안전 문제가 발생할 수 있다는 단점이 존재한다.

(3) 이 두 가지 접근은 서로 배타적이지 않으며, 예방의학은 이 두 가지 접근의 장단점을 충분히 이해하고 받아들여야 한다. 그 과정에서 과학적 근거, 민주적 의사결정, 선택의 자유 보장과 정부의 책무성이 중요하게 고려되어야 한다. 그러나 제프리 로즈는 질병의 일차적 결정요인이 주로 경제적 · 사회적이라는 점에서 예방의학은 인구집단 전략에 좀 더 힘을 실을 필요가 있다는 점을 강조했다.

2. 건강영향 피라미드

(1) 미국 질병예방관리본부(CDC)의 책임자인 프리든(Frieden TR)이 제시한 모형이다.

(2) 건강영향 피라미드는 국민건강을 위해 예방의학과 공중보건학적 적용을 할 때 국가보건의료체계의 수준 및 적용 대상에 따라 인구집단에 미치는 영향과 개인의 노력에 대한 요구도가 다르다는 것을 보여준다.

(3) 건강영향 피라미드는 모두 5층으로 이루어져 있는데 아래쪽으로 갈수록 인구집단에 미치는 영향이 크고, 위쪽으로 갈수록 개인의 노력이 요구된다.

   ① 1단계 사회경제적 요인(socioeconomic factor): 국가 또는 지역사회차원의 사회경제적 요인으로서 국민의 전반적인 건강수준에 미치는 영향이 가장 크다. 이는 세계보건기구에서 건강의 결정요인으로서 사회경제적 요인을 가장 중요시하는 것과 같은 개념이다.

   ② 2단계 건강한 선택을 할 수 있는 환경 조성(changing the context to make individual's default decisions healthy): 개인의 의사나 결정에 상관없이 건강한 선택을 할 수 있는 환경을 조성하는 것으로서, 금연을 유도하기 위해 담뱃값을 인상하고 금연구역을 확대하거나, 심혈관질환을 예방하기 위해 판매식품의 나트륨 함유량을 법적으로 제한하는 것 등이 해당한다.

   ③ 3단계 장기간 지속할 수 있는 예방대책(long–lasting protective inteventions): 예방접종, 대장경 검사를 통한 폴립 제거, 금연치료 등이 해당된다.

   ④ 4단계 임상적인 개입(clinical interventions): 고혈압, 고지혈증, 당뇨병 관리와 치료 등이 해당된다.

   ⑤ 5단계 상담과 교육(counseling and education): 피라미드의 가장 윗부분은 개인이나 집단을 대상으로 생활습관을 바꾸기 위한 상담과 교육이 이에 해당되는데, 교육이나 상담을 받은 사람이 실제 행동으로 옮겨야 효과가 나타나므로 개인의 노력이 절대적으로 요구된다.

(4) 프리든의 건강영향 피라미드는 국민의 건강을 향상하기 위해서는 개별적인 접근보다는 인구집단을 대상으로 한 정책적인 접근이 더 효율적이라는 것을 보여주는 것으로서, 예방의학과 공중보건학의 중요성을 알 수 있다.

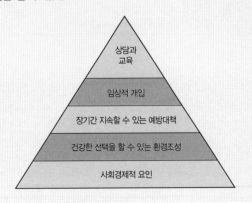

┃건강증진 국제회의┃ ··

1차 오타와(1986)	(1) 건강증진접근전략 　옹호(advocate), 가능화(enable), 조정(mediate) 　[옹호, 역량강화(empowerment), 연합(alliance)] (2) 건강증진 활동영역 우선순위 　① 건강 지향적인 공공 정책 수립 　② 지원적인 환경 조성 　③ 지역사회 활동 강화 　④ 개인의 건강기술 개발 　⑤ 보건의료서비스 방향 재설정
2차 애들레이드(1988)	"건전한 공공정책 수립" 우선순위 정책: 여성보건, 영양정책, 알코올 · 금연 정책, 환경관련 정책
3차 썬즈볼(1991)	"보건지원 환경 구축 중요성 강조"
4차 자카르타(1997)	"건강증진은 가치 있는 투자" 건강을 위한 사회 · 경제발전의 중요성 강조
5차 멕시코시티(2000)	"건강에 관한 사회적 형평성 제고"
6차 방콕(2005)	"세계화 시대의 건강증진"
7차 나이로비(2009)	"수행역량 격차 해소를 통한 건강증진의 개발"
8차 헬싱키(2013)	"모든 정책에서 보건(HiAP, Health in All Policies)"
9차 상하이(2016)	"지속가능한 개발목표(SDGs) 달성을 위한 보건영역의 역할: 모든 사람에게 건강을, 모든 것은 건강을 위해" "Health Promotion in the SDGs: Health for All and All for Health"
10차 제네바(2021)	"웰빙 사회(Well−being Societies)"

비전	모든 사람이 평생 건강을 누리는 사회

총괄목표	건강수명 연장과 건강형평성 제고

기본원칙

❶ 국가와 지역사회의 모든 정책 수립에 건강을 우선적으로 반영한다.
❷ 보편적인 건강수준의 향상과 건강형평성 제고를 함께 추진한다.
❸ 모든 생애과정과 생활터에 적용한다.

❹ 건강친화적인 환경을 구축한다.
❺ 누구나 참여하여 함께 만들고 누릴 수 있도록 한다.
❻ 관련된 모든 부문이 연계하고 협력한다.

사업분야

건강생활실천	정신건강 관리	비감염성 질환 예방관리	감염 및 기후변화성 질환 예방관리	인구집단별 건강관리	건강친화적 환경 구축
금연 절주 영양 신체활동 구강건강	자살예방 치매 중독 지역사회 정신건강	암 심뇌혈관질환 비만 손상	감염병 예방 및 관리 감염병 위기 대비·대응 기후변화성 질환	영유아 아동·청소년 여성 / 노인 장애인 / 근로자 군인	건강친화적 법제도 개선 건강정보 이해력 제고 혁신적 정보기술의 적용 재원마련 및 운용 지역사회 자원 확충 및 거버넌스 구축

목적	이 법은 국민에게 건강에 대한 가치와 책임의식을 함양하도록 건강에 관한 바른 지식을 보급하고 스스로 건강생활을 실천할 수 있는 여건을 조성함으로써 국민의 건강을 증진함을 목적으로 한다.
정의	"국민건강증진사업"이라 함은 보건교육, 질병예방, 영양개선, 신체활동장려, 건강관리 및 건강생활의 실천등을 통하여 국민의 건강을 증진시키는 사업을 말한다.
종합 계획의 수립	① 보건복지부장관은 제5조의 규정에 따른 국민건강증진정책심의위원회의 심의를 거쳐 국민건강증진 종합계획을 5년마다 수립하여야 한다. ② 계획에 포함되어야 할 사항 　㉠ 국민건강증진의 기본 목표 및 추진 방향 　㉡ 국민건강증진을 위한 주요 추진 과제 및 추진 방법 　㉢ 국민건강증진에 관한 인력의 관리 및 소요재원의 조달 방안 　㉣ 국민건강증진기금의 운용 방안 　㉤ 아동 · 여성 · 노인 · 장애인 등 건강취약 집단이나 계층에 대한 건강증진 지원방안 　㉥ 국민건강증진 관련 통계 및 정보의 관리 방안 　㉦ 그 밖에 국민건강증진을 위하여 필요한 사항
보건소 건강 증진 사업	① 보건교육 및 건강상담 ② 영양관리 ③ 신체활동장려 ④ 구강건강의 관리 ⑤ 질병의 조기발견을 위한 검진 및 처방 ⑥ 지역사회의 보건문제에 관한 조사 · 연구 ⑦ 기타 건강교실의 운영 등 건강증진사업에 관한 사항

기금	(1) 기금의 설치 　보건복지부장관은 국민건강증진사업의 원활한 추진에 필요한 재원을 확보하기 위하여 국민건강증진기금을 설치한다. (2) 기금의 사용 　① 금연교육 및 광고, 흡연피해 예방 및 흡연피해자 지원 등 국민건강관리사업 　② 건강생활의 지원사업 　③ 보건교육 및 그 자료의 개발 　④ 보건통계의 작성·보급과 보건의료관련 조사·연구 및 개발에 관한 사업 　⑤ 질병의 예방·검진·관리 및 암의 치료를 위한 사업 　⑥ 국민영양관리사업 　⑦ 신체활동장려사업 　⑧ 구강건강관리사업 　⑨ 시·도지사 및 시장·군수·구청장이 행하는 건강증진사업 　⑩ 공공보건의료 및 건강증진을 위한 시설·장비의 확충 　⑪ 기금의 관리·운용에 필요한 경비 　⑫ 그 밖에 국민건강증진사업에 소요되는 경비로서 대통령령이 정하는 사업 　★ 보건복지부장관은 기금을 제1항 각호의 사업에 사용함에 있어서 아동·청소년·여성·노인·장애인 등에 대하여 특별히 배려·지원할 수 있다.
보건 교육	① 금연·절주 등 건강생활의 실천에 관한 사항 ② 만성퇴행성 질환 등 질병의 예방에 관한 사항 ③ 영양 및 식생활에 관한 사항 ④ 구강건강에 관한 사항 ⑤ 공중위생에 관한 사항 ⑥ 건강증진을 위한 체육활동에 관한 사항 ⑦ 기타 건강증진사업에 관한 사항

역학과 보건통계

제1장 역학

│정의│

인구집단을 대상으로 건강상태 혹은 건강과 관련된 사건의 빈도 및 분포와 그 결정요인을 연구하여 질병예방과 건강증진에 활용하는 학문이다.

│질병발생모형│

역학적 삼각형 모형	거미줄 모형	수레바퀴 모형
• 병인, 숙주, 환경의 3요소 간의 상호관계로 설명 • 병원체를 명확하게 알고 있는 감염병을 설명하는 데 적합	• 질병 발생에 관여하는 여러 직·간접적인 요인들이 거미줄처럼 얽혀 복잡한 작용 경로를 통해 질병발생 설명 • 병인과 숙주, 환경을 구분하지 않음.	• 숙주와 그를 둘러싼 생물학적, 사회적, 물리화학적 환경의 상호작용으로 해석 • 숙주의 저항능력이 질병발생의 중요한 요인 • 숙주와 환경요인을 구분

│인과관계 판단기준│

시간적 선후관계	요인에 대한 노출은 항상 질병 발생에 앞서 있어야 하며 노출과 질병 발생 간의 기간도 적절해야 하며 이는 인과 관계를 증명하기 위한 전제 조건이다.
연관성의 강도	비교위험도 또는 교차비 등으로 표시되는 관련정도의 크기가 클수록 인과관계가 있을 가능성이 높다고 생각할 수 있다.
연관성의 일관성	두 변수간의 연관성이 관찰연구대상 집단, 연구방법, 연구시점이 다를 때에도 비슷한 정도로 존재하면 인과관계일 가능성이 높다.
연관성의 특이성	어떤 요인이 여러 가지 질병과 연관성을 보이지 않고 특정한 질병하고만 연관성이 있거나 어떤 질병이 여러 가지 요인과 연관성을 보이지 않고 특정 요인하고만 연관성을 보일 경우

용량-반응 관계	요인에 대한 노출의 정도가 클수록 질병 발생 위험이 증가되는 양-반응 관계가 나타날 때
생물학적 설명 가능성	역학적으로 관찰된 두 변수 사이의 연관성을 분자생물학적인 기전으로 설명가능할 때
기존학설과 일치	추정된 위험요인이 기존의 지식이나 소견과 일치할수록 원인적 연관성이 있을 가능성이 큼
실험적 입증	실험을 통해 요인에 노출시킬 때 질병발생이 확인되거나 요인의 제거에 의해 질병발생이 감소하면 원인일 가능성이 높다.
다른 인과관계와의 유사성	기존에 밝혀진 인과 관계와 유사한 연관성이 관찰되면 인과 관계일 가능성이 높다.

▼ 역학적 인과관계 추론 [2]

(1) 역학연구에서 어떤 요인과 질병발생 간의 인과관계는 먼저 위험요인에 노출된 집단과 노출되지 않은 집단 간의 질병 발생률을 비교하여 결과에 영향을 줄 수 있는 여러 가지 바이어스의 영향을 배제하고 위험요인과 질병발생 사이의 통계적 연관성을 평가한 다음, 여러 기준을 이용하여 연관성이 인과관계인가를 판단하게 된다.

(2) 관찰된 연관성에 대한 인과관계를 판정하는 기준은 1965년 힐(Hill AB, 1897~1991)에 의하여 체계적으로 제시되었으나, 기준 중 요인에 대한 노출과 질병발생과의 시간적 선후관계를 제외한 나머지 항목은 절대적인 조건으로 볼 수 없으며 예외가 있을 수 있다.

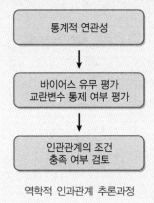

역학적 인과관계 추론과정

---

2) 대한예방의학회, 예방의학과 공중보건(제4판), 계축문화사, 2021. p.59.

▌타당도와 신뢰도▐ ···

연구의 타당도	내적 타당도	• 모집단에서의 실제 모수를 표본에서 얼마나 정확하게 관찰하는지를 의미 • 표본의 측면에서 볼 때는 얻어진 연구 결과가 얼마나 연구의 모집단에 적용 가능한 것인가, 즉 정확성을 의미		
	외적 타당도	• 표적 집단의 모수를 연구 대상에서 얼마나 정확하게 관찰할 수 있는가에 대한 정확성을 의미하며, 표적 집단의 측면에서는 표본의 대표성을 의미 • 표본의 측면에서는 얻어진 연구결과를 표적 집단에 일반화할 수 있는지를 의미		
타당도	검사법이 진단하고자 하는 질병의 유무를 얼마나 정확하게 판정하는가에 대한 능력을 의미			
	민감도	질병이 있는 환자 중 검사결과가 양성으로 나타날 확률 (a/a+c)	의 음성률	질병이 있는 사람의 검사결과가 음성으로 나타나는 경우 (c/a+c)
	특이도	질병이 없는 사람 중 검사결과가 음성으로 나타날 확률 (d/b+d)	의 양성률	질병이 없는 사람의 검사결과가 양성으로 나타나는 경우 (b/b+d)
	양성 예측도	검사결과가 양성인 사람이 실제 질병이 있는 환자일 가능성 (a/a+b)	음성 예측도	검사결과가 음성인 사람이 실제 질병이 없는 사람일 가능성 (d/c+d)
신뢰도	• 검사를 반복하였을 때 비슷한 검사 결과가 얻어지는지를 의미 • 측정방법: 일치율, 카파통계량, 상관계수			

검사결과 (Test)		질병(Disease)		계
		있음	없음	
	양성	a	b	a+b
	음성	c	d	c+d
계		a+c	b+d	a+b+c+d

유병률 변화에 따른 비교	민감도 변화에 따른 비교 (동일한 특이도)	특이도 변화에 따른 비교 (동일한 민감도)
유병률 ↑	유병률 ↔	유병률 ↔
민감도 ↔	민감도 ↓	민감도 ↔
특이도 ↔	특이도 ↔	특이도 ↓
양성예측도 ↑	양성예측도 ↓	양성예측도 ↓↓
위양성률 ↔	위양성률 ↔	위양성률 ↑
위음성률 ↔	위음성률 ↑	위음성률 ↔

┃바이어스┃ ···

선택바이어스	정보바이어스
① 무응답 바이어스(Non–response Bias) ② 버크슨 바이어스(Berkson's Bias) ③ 선택적 생존 바이어스(Selective Survival Bias) ④ 자발적 참여자 바이어스(Volunteer Bias) ⑤ 추적관찰 탈락 바이어스(Follow–up Loss Bias) ⑥ 기간 바이어스(Length Bias)	① 면담자 바이어스(Interviewer Bias) ② 측정 바이어스(Measurement Bias) ③ 기억소실 바이어스(Memory Decay Bias) ④ 회상 바이어스(Recall Bias) ⑤ 호손 효과(Hawthorne Effect) ⑥ 확인 바이어스(Ascertainment Bias) ⑦ 시간 바이어스(Time Bias) ⑧ 출판 바이어스(Publication Bias) ⑨ 인지 바이어스(검출바이어스, Detection Bias)
교란 변수	① 결과변수(질병)와 관련되어 있으면서(질병의 또 다른 위험요인), 설명변수(연구에서 평가하고자 하는 위험요인)와 연관성이 있으며, 설명변수와 결과변수 사이의 중간매개변수는 아닌 변수이다. ② 교란변수는 연구자가 평가하고자 하는 주요 변수의 관계를 왜곡시키는 제3의 변수이다. ③ 대상자의 나이, 성별, 결혼, 교육 수준, 경제 수준 등의 인구사회적 특성이다.

인적 변수	연령, 성별, 결혼상태, 유전, 인종 및 종교, 사회경제적 상태 등	
시간적 변수	장기 추세변화 (secular trends)	• 장티푸스 30~40년, 디프테리아 약 20년, 인플루엔자 약 30년 주기 반복 • 만성질환 장기적 경향 관찰(암, 심장질환, 뇌혈관질환 등) • 장티푸스, 디프테리아, 인플루엔자 등
	주기변화 (cyclic variation)	• 집단면역으로 설명. 2~3년 주기로 유행 • 홍역, 백일해, 풍진, 유행성이하선염, 일본뇌염 등
	계절적 변화 (seasonal variation)	• 여름 소화기계 감염병, 겨울 호흡기계 감염병, • 가을 신증후군출혈열, 쯔쯔가무시증, 렙토스피라증 등
	단기변화 (short-term variation)	시간별, 날짜별 - 급성 감염병 집단 발생시
	불규칙 변화 (irregular variation)	• 돌발적으로 발생하는 외래 전염병 • 콜레라, SARS, MERS, 동물인플루엔자 등
지역적 변수	범세계적 (pandemic)	• 최소 두 국가 이상의 광범위한 지역에서 동시에 유행되 는 질환 • 인플루엔자, 치아우식증(충치), SARS, 신종인플루엔자 등
	유행병적 (Epidemic)	어떤 지역에서 일시적으로 평상시 기대되는 발생 수준 이 상으로 발생
	토착병적 (지방적, Endemic)	• 특정지역에 지속적으로 존재 • 간디스토마, 폐디스토마
	산발적 (sporadic)	• 일부지역에서 산발적으로 발생 • 렙토스피라증, 사상충

	장점	단점
단면 연구	• 유병률 산출 • 진단까지의 시간이 많이 걸리는 질병에 적합 • 동시에 여러 종류의 질병과 요인의 연관성을 연구 • 비교적 경제적	• 시간적 선후관계 불분명 • 유병률(노출률)이 낮은 질병(요인) 연구는 어려움 • 선택적 생존바이어스 • 기간 바이어스 • 치명률이 높은 질병 연구에 부적당
환자- 대조군 연구	• 적은 연구대상자 • 비교적 경제적 • 단기간 수행가능 • 희귀한 질병연구에 적합 • 질병과 여러 위험요인 동시에 조사 가능	• 시간적 선후 관계가 불분명 • 노출이 드문 경우 어려움 • 과거 노출 정보 수집 부정확 • 적절한 대조군 선정 어려움 • 위험도 직접산출이 어려움
코호트 연구	• 노출-질병진행 전과정 관찰 • 노출수준 여러 번 측정가능 • 시간적 선후관계가 비교적 명확 • 발생률과 비교위험도 산출 • 노출과 수많은 질병 간의 연관성을 볼 수 있음 • 드문 노출요인 연구에 적합	• 비용 많이 소요 • 장기간 관찰 • 추적관찰탈락 바이어스 • 시간 바이어스 • 발생률 낮은 경우 어려움

▌위험도 측정▌ ···

		질병 여부		합계
		질병 있음	질병 없음	
위험요인	노출됨	a	b	a + b
	노출되지 않음	c	d	c + d
	합계	a + c	b + d	a + b + c + d

비교 위험도	비교위험도(RR) $= \dfrac{\text{노출군의 발병률}}{\text{비노출군의 발병률}} = \dfrac{a \, / \, (a+b)}{c \, / \, (c+d)} = \dfrac{a(c+d)}{c(a+b)}$
	RR = 1 • 노출군과 비노출군의 질병 발생률이 같음 • 위험요인에 대한 노출이 질병 발생과 아무런 연관이 없음
	RR > 1 • 노출군이 비노출군보다 질병 발생률이 높음 • 양의 연관성
	RR < 1 • 노출군이 비노출군보다 질병 발생률이 낮음 • 음의 연관성, 질병예방 효과

기여 위험도	기여위험도(AR) = 노출군의 발생률 − 비노출군의 발생률 $\qquad = \dfrac{a}{a+b} - \dfrac{c}{c+d}$ 기여위험분율(AF) $= \dfrac{\text{노출군의 질병 발생률} - \text{비노출군의 질병 발생률}}{\text{노출군의 질병 발생률}} \times 100$ $\qquad\quad = \dfrac{\text{비교 위험도} - 1}{\text{비교 위험도}} \times 100 = \dfrac{RR - 1}{RR} \times 100$ 기여위험분율의 의미: 노출이 제거되었을 때 질병위험도 중 예방될 수 있는 정도 (분율)

교차비	교차비(OR) $= \dfrac{[\text{환자군 위험노출(a)} \, / \, \text{환자군 위험 비노출(c)}]}{[\text{대조군 위험노출(b)} \, / \, \text{대조군 위험 비노출(d)}]} = \dfrac{ad}{bc}$

▌기타역학▐ ···

실험역학	(1) 연구자가 연구대상자의 참여, 주 요인 및 교란요인에의 노출, 무작위 배정 등 여러 연구 조건들을 직접 개입하여 배정하거나 통제하여 연구 수행과정에서 발생할 수 있는 각종 바이어스가 연구 결과에 영향을 끼치지 못하게 미리 차단하기 위해 고안된 연구 형태 (2) 관찰연구에 비해 실험연구의 인과적 연관성의 근거 수준이 더 높다. (3) 임상시험의 과학적 고려점 　① 무작위 배정(random allocation): 임상시험에 참여하는 피험자를 비교하고자 하는 치료군에 확률적으로 배정하는 것(← 윤리적 타당, 비교성 극대화) 　② 눈가림법(맹검법, blinding): 임상시험에 참여하는 피험자나 연구자에게 치료 내용이 무엇인지 모르게 하는 방법(← 정보편견 통제). 단순맹검법, 이중맹검법, 삼중맹검법 　③ 위약(placebo): 실험군과 대조군에 투여하는 약품과 모양, 크기, 무게, 색깔, 맛, 냄새 등이 같아서 서로 구별되지 않도록 하기 위하여 대조군에 투여하는 약물(← 정보편견 통제)
이론역학	감염병의 발생 모델과 유행 현상을 수리적으로 분석하여, 이론적으로 유행 법칙이나 현상을 수식화하는 3단계 역학(1단계−기술역학, 2단계−분석역학)
메타분석	여러 연구에서 얻어진 정량적 결과를 통합하는 통계적 방법
작전역학	KAP 조사(Knowledge, Attitude and Practice Study)는 지역 주민들의 지식, 태도, 실천에 관한 조사로 보건사업의 효과를 평가하는 데 적합한 방법
이민자 연구	환경과 유전의 상대적인 중요성에 대한 정보를 제공

▌감염병 유행▐ ···

감염 재생산	(1) 집단면역: 집단 내 면역력자의 비율, 특정 감염병 전파에 대한 집단의 저항 수준을 나타냄 (2) 기초감염재생산수(Basic Reproduction Number, R0): 모든 인구가 감수성이 있다고 가정할 때 감염성이 있는 환자가 감염 가능 기간 동안 직접 감염시키는 평균 인원 수 $$R0 = \frac{각\ 감염자가\ 전파시킨\ 2차\ 감염자\ 수}{전체\ 접촉자\ 수}$$ (3) 2단계 감염자 수(실제 감염재생산수, R) = R0 − p × (R0) (4) 감염재생산수에 따른 질병 유행 　① R < 1: 질병의 유행이 일어나지 않고 사라지게 된다. 　② R = 1: 풍토병이 된다(지역사회에 일정 수 유지). 　③ R > 1: 질병의 유행이 일어난다. 　④ 질병 유행이 일어나지 않기 위한 집단 면역의 비율 p는 $$R0 - p \times (R0) \leq 1 \;\; \rightarrow \; p > \frac{R0 - 1}{R0}$$

▼ 감염재생산수의 결정요인 [3]

(1) 감염재생산수(R)는 한 인구집단 내에서 특정 개인으로부터 다른 개인으로 질병이 확대되어 나가는 잠재력이다.

(2) **감염재생산수(R) 결정요인**

$$R = \beta \times \kappa \times D$$

① β: 감염원이 감수성자와 1회 접촉 시 감염을 전파시킬 확률

② κ: 단위 시간동안 감염원이 감수성자와 접촉하는 횟수

③ D: 감염원이 감염을 전파시킬 수 있는 기간

(3) R이 1보다 큰 경우 감염병이 유행하므로 위 공식에서 β, κ, D를 효과적으로 줄여서 R을 1보다 적게 하는 것이 주요 관리목표가 된다.

(4) β는 질병의 특성과 전파방법에 따라 달라진다. 예를 들면 HIV 감염의 경우 성적 접촉인 경우는 0.1보다 작지만, 수혈에 의한 경우는 1.0에 가깝다. 감염병의 관리원칙 중 많은 경우는 β를 감소시키는 것이다. **예** HIV나 성병관리에서 콘돔 사용

(5) κ도 질병에 따라 다르게 나타나는 특성이다. 감염병 유행 관리방법 중 격리나 검역은 이 κ를 감소시키는 전략이다.

(6) D는 질병별로 감염가능 기간이 정해져있는 것이 보통이고 질병에 따라서는 항생제로 치료를 하는 경우 감염전파 기간이 줄어들기도 한다. 이때는 감염병을 치료하는 것(이차 예방)이 곧 감염병을 예방하는 것(일차 예방)의 효과도 갖게 된다.

▌감염병 유행조사 ▌ ···

유행 조사 단계	① 집단 발병 여부 조사(과거 발생 양상 비교)
	② 자료 수집(기술역학)
	③ 가설 설정
	④ 가설 검정(분석역학)
	⑤ 관리 및 예방 대책 지시

---

3) 대한예방의학회, 예방의학과 공중보건학(제4판), 계축문화사, 2021, p.374

유행곡선

(1) 유행곡선의 작성

① 유행곡선은 시간(날짜)을 X축으로 하고 환자 수를 Y축으로 표시한 그림을 말한다. Y축에 들어가는 환자는 반드시 해당 시간에 새로 발생한 환자(신환자)여야 한다.

② 유행곡선을 분석하면 이 유행의 단초가 된 공동 노출일을 추산할 수 있을 뿐 아니라, 전파양식이나 2, 3차 유행의 여부를 확인할 수 있다.

(2) 유행곡선의 이용

① 해당 질병의 잠복기 분포, 최단 잠복기와 평균잠복기, 최장 잠복기 확인

② 잠복기 분포를 이용하여 병원체 종류 추정

③ 잠복기 분포를 이용하여 공동노출일이 언제인지 추산

④ 전파 양식 추정(공동 매개 전파, 사람 간 전파 등)

⑤ 단일 노출인지 다중 노출인지 파악

⑥ 2차나 3차 유행여부 확인

⑦ 유행규모 파악

⑧ 향후 유행의 진행 여부와 규모 예측

(3) 유행곡선의 종류

① Unimodal curve(단일봉 유행곡선)

  ㉠ 공동 오염원에 감수성 있는 사람들이 동시에 노출되었음을 의미한다. 이런 경우를 공동 오염원 단일노출에 의한 유행(point source epidemic)이라고 한다.

  ㉡ 첫 발생 환자와 마지막 환자발생과의 거리는 최장잠복기간과 최단 잠복기간의 차이이다.

  ㉢ 대개 정규분포곡선으로 나타난다.

  ㉣ 예: 식중독(오른쪽 꼬리가 긴 대수정규분포)

  ㉤ 처치: 대민홍보, 개인위생 강조

  ㉥ 단일봉이지만 봉우리가 고원(plateau)을 형성하고 잠복기가 알려진 것보다 긴 경우: 오염된 감염원이 제거되지 않아 여러 번에 걸쳐 지속적으로 유행을 일으키는 경우에 나타난다.

② Multimodal curve(다봉형 유행곡선)

  ㉠ 봉우리가 1개가 아니고 여러 개인 경우이다.

  ㉡ 그 중에 흔한 것이 노출이 지속적으로 이루어지지 않고 간헐적으로 이루어져서 유행이 일어나는 것을 반복하는 것이다.

  ㉢ Bimodal curve(아봉형 유행곡선): 봉우리가 두 개인 경우로 first peak는 Unimodal curve와 같고 second peak는 이차감염을 의미한다.

③ Propagated curve(증식형 유행곡선)

  ⊙ 사람 간 접촉(사람에서 사람)으로 연쇄성 전파가 일어나는 유행의 모습으로 불규칙한
    봉우리 크기와 비교적 일정한 봉우리 간격을 특징으로 한다.
  ⓛ 특히, 비말로 감염되는 호흡기감염병의 경우 그대로 유행을 두면 점차 유행곡선의 봉우
    리가 커지는 전형적인 증식형 유행곡선을 보인다.

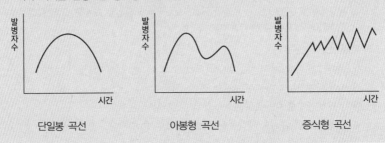

| 단일봉 곡선 | 아봉형 곡선 | 증식형 곡선 |

제 2 장 보건통계

┃ 표본추출방법 ┃ ···

	단순무작위추출	층화무작위추출	계통추출	집락표본추출
확률 표본 추출	전체에 일련번호를 부여하고 난수표나 컴퓨터를 이용하여 무작위로 추출	모집단을 성, 나이 등의 층으로 구분하고 각 층에서 단순무작위추출법에 따라 표본을 추출하는 방법	모집단의 목록이 잘 정리된 경우 일정한 간격으로 표본을 추출하는 방법	모집단을 구성하는 하부 집락을 무작위 추출하여 그 전수를 표본으로 하거나 집락의 대상자 중 일부를 다시 표본추출하는 방법

	명목척도	서열척도	간격척도 (구간, 등간)	비척도(비율)
측 정 척 도	• 측정 대상자의 특성이나 성질을 상호 배타적인 범주로 나타낸 척도 • 남자=1, 여자=2	• 측정 대상자가 가지고 있는 어떤 특성의 상대적 크기에 따라 나타낸 순서 • 상·중·하, 석차, 암의 병기, 평정척도, 누적척도	• 대상 자료의 범주나 대소 관계는 물론 동일한 간격의 척도로서 간격의 차이까지 설명 가능 • 절대기준인 '0'이 존재하지 않음 • 온도, 체온, 지능지수	• 가장 높은 수준의 척도 • 측정값 간의 모든 산술적인 계산이 가능함 • 키, 체중

	평균값	중앙값	최빈값
대 푯 값	• 한 집단에 속하는 모든 측정치의 합을 사례의 수로 나눈 것 • 자료의 값 중에 매우 크거나 매우 작은 값 같은 극단적인 값이 있는 경우 그 영향을 많이 받음	• 측정치를 크기 순서로 배열했을 때 중앙에 위치하는 측정값 • 극단치의 영향을 배제할 수 있음	• 자료 중에서 출현도수가 가장 많은 값 • 존재하지 않을 수도 있고 2개 이상일 수도 있음

	범위	편차	분산	표준편차	평균편차	변이계수
산 포 도	• 한 변수의 측정치들 중 최댓값과 최솟값 사이의 간격	• 측정치에서 평균을 뺀 값 • 편차의 합은 항상 '0'	• 측정치들이 평균을 중심으로 얼마나 떨어져 있는가를 표시한 값 • 편차의 제곱을 합하여 평균한 값	• 산포도에서 가장 일반적으로 사용하는 값 • 분산의 제곱근을 구한 값	• 편차에 대한 절댓값의 평균	• 두 개 이상의 산포도를 비교하려고 할 때, 측정치의 크기가 매우 차이가 나거나 서로 다를 때 사용 • 표준편차를 평균로 나눈 값 • 상대적 산포도

▌자료의 표현▐

정규 분포	• 정규분포곡선의 위치와 모양은 평균(μ)과 표준편차(σ)에 의하여 결정됨 • 좌우대칭으로 평균이 중앙에 있으며 평균 = 중앙값 = 최빈값이 성립되는 분포 • 전체 면적은 항상 1임 • 표준편차가 작은 경우 종의 높이가 높아지며 폭은 좁아짐 • 좌우로 무한히 뻗어있음 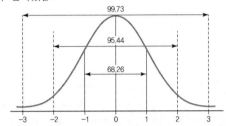

▌통계분석▐

분석기법	특징	독립변수	종속변수
t 검정 (t-Test)	두 집단의 평균에 차이가 있는지를 판정하고자 할 때 사용하는 방법	범주형	연속형
분산분석 (ANOVA)	셋 이상의 평균에 차이가 있는지를 비교할 때 사용하는 방법	범주형	연속형
x^2 검정 (Chi-square Test)	명목변수인 독립 변수와 종속 변수 간의 관련성을 알아보는 방법	범주형	범주형
회귀분석 (Regression)	두 연속 변수 간의 관계를 수식으로 나타내는 통계적 기법	연속형	연속형
상관관계 (Correlation)	두 연속 변수 간의 상관관계를 선형으로 나타내는 통계적 기법	연속형	연속형
상관분석	(1) **상관계수**: r, 어떤 모집단에서 2개의 변량에 있어서 한쪽 값이 변함에 따라 다른 한쪽 값이 변하는 정도를 나타내는 값($-1 \leq r \leq 1$) (2) **상관관계** 　① **양의 상관관계**: 데이터의 점들이 오른쪽으로 올라가는 양의 방향 　② **음의 상관관계**: 데이터의 점들이 오른쪽으로 내려가는 음의 방향 　　• $r=1$　　완전한 양의 상관관계 　　• $r=0$　　상관관계 없음 　　• $r=-1$　　완전한 음의 상관관계		

자료의 형태	① **1차 자료**: 특정 목적으로 연구자가 직접 수집한 자료로서 인구 집단을 대상으로 설문조사와 신체계측, 생체시료 검사 등을 시행한 결과를 수집하는 것 ② **2차 자료**: 연구가 아닌 다른 목적으로 수집되거나 신고·보고되고, 조사된 자료 중 연구자가 역학 연구에 활용하는 자료(인구자료, 사망자료, 건강보험자료, 병원자료, 감염병 신고자료, 국민건강조사)
사망 자료	① 국가 혹은 인구 집단의 사망 수준과 사망 원인을 파악하여 지역사회의 보건 문제를 진단하고, 주요 사망 원인에 대한 가설을 제시 ② 다른 건강 지표에 비해 비교적 정확하고 완전하므로 지역 간 또는 국가 간 보건 수준 비교와 보건사업의 평가 등에 중요한 자료로 이용 ③ **자료원**: 사망신고자료 ④ 통계청에서 질병 분류에 따라 분류한 사망 원인과 사망신고서에 기재된 인구학 적 정보들을 통합하여 매년 '사망원인통계보고서'를 발간 　㉠ **양적 특성 지표**: 일반사망률, 연령별 특수사망률, 영아사망률 　㉡ **질적 특성 지표**: 질병별 특수사망률, 원인별 특수사망률 등 ⑤ **장단점**: 다른 이차 자료원보다 완전성이 높으나 사망신고서에 기재되는 사망원 인이 부정확할 수 있음

▼ 우리나라 국가건강조사 [4]

(1) 국민건강영양조사

① 우리나라를 대표하는 건강조사로 「국민건강증진법」에 근거하여 실시하는 조사이다.

② 이 조사를 통해 우리나라 국민의 건강 및 영양상태에 대한 통계를 생산하여 국민건강증진종
합계획의 목표 지표의 평가에 활용하고, WHO와 OECD 등 국제기구에 조사결과를 제공한다.

③ 조사 완료 후 다음 해 11월에 결과를 공표하고, 12월에 해당 홈페이지를 통해 조사결과와
원시자료를 공개한다.

④ 조사대상은 전국 192개 지역 약 1만 명의 만1세 이상 국민이며, 조사내용은 건강설문조사,
검진조사, 영양조사로 구성되어 있다.

──────────

4) 대한예방의학회, 예방의학과 공중보건(제4판), 계축문화사, 2021, p.80~81.

(2) 청소년건강행태 온라인조사

① 「국민건강증진법」에 근거하여 실시하는 정부 승인통계조사이며, 2005년부터 매년 우리나라 청소년의 건강위험행태 현황과 수준을 파악하기 위해 전국 중학교 1학년부터 고등학교 3학년까지의 학생, 약 8만명(800개 표본학교)이며, 학년별 한 학급의 학생들을 대상으로 조사하여 시·도 단위의 통계를 산출하고 있다.

② 조사내용은 흡연과 음주, 신체활동, 식생활, 비만 및 체중조절, 정신건강, 손상 및 안전의식, 구강건강, 개인위생, 약물, 성행태, 아토피·천식, 인터넷중독, 폭력, 건강형평성, 주관적 건강인지 총 15개 영역이다.

③ 조사결과를 매년 공표하여 청소년 건강증진사업 기획 및 평가의 근거 자료로 활용되고 있으며, 조사결과와 원시자료는 홈페이지에서 신청을 통해 무료로 공개하고 있다.

(3) 지역사회건강조사

① 2005년 12월 수립된 「보건분야 지역사회 조사감시체계 구축계획」에 따라 시·군·구 기초자치단체별로 지역 주민의 건강상태와 건강결정요인에 대한 건강통계를 산출하기 위해 시행하는 단면조사이다.

② 2008년 이후 매년 전국 17개국 시·도, 250여개 시·군·구의 대표 통계를 생산하고 있다.

③ 각 지역을 대표하는 19세 이상 성인 약 900명의 표본을 확률적으로 추출하여 전국적으로 23만여명을 조사하고 있다.

④ 주요 만성질환(암, 뇌혈관질환, 심장질환, 손상 등)의 이환과 의료이용, 건강 관련 건강행태(흡연, 음주, 신체활동, 안전의식 등), 그리고 다양한 건강 문제와 보건의료 이용 상황 등을 표준화된 방법으로 조사하고 있다.

⑤ 이 조사의 결과는 지역보건의료계획 수립 및 평가에 활용하고, 지역의 다른 통계자료들과 통합하여 각종 건강지표를 생산하며 근거 기반의 지역보건사업 활성화에 이바지한다.

(4) 국민구강건강실태조사(아동구강건강실태조사)

① 「구강보건법」에 따라 2000년부터 3년마다 시행하고 있다.

② 조사목적은 대표성과 신뢰성을 확보한 구강건강지표와 구강보건 행태와 구강보건 의료이용 실태를 파악하여 국가의 체계적인 구강보건 사업목표를 개발하고 사업계획을 수립하며, 사업 우선순위 결정에 필요한 기초자료를 확보한다.

③ 치아·보철·치주상태, 반점 치아, 구강보건 행태 등의 구강검사와 설문조사를 시행하며 2015년도부터 조사대상을 2개 연령층(5세, 12세)으로 변경하였다.

주관적 건강지표 및 정신질환과 인지능력 측정 도구 [5]

1. 삶의 질 지표

(1) EQ-5D (EuroQol five dimensions questionnaire)

① 건강 관련 삶의 질을 측정하는 대표적인 도구이다.

② 자가 평가를 통한 설문지 기재 방식의 도구로 상대적으로 건강상태 표현이 쉽고, 다양한 임상적인 상황에서도 쉽게 사용할 수 있다.

③ 국가 간 비교가 가능하다는 장점도 있다. 현재 국민건강영양조사 및 지역사회건강조사에서 EQ-5D를 활용하고 있다.

④ 문항: 운동능력(이동성, mobility), 자기 관리(self care), 일상활동(usual activities), 통증/불편감(pain/discomfort), 불안/우울(anxiety/depression)

(2) SF-36과 SF12 (Medical Outcome Study 36-Item Short Form, 12-Item Short Form)

① 보건정책에 대한 평가, 일반인이나 노동인구를 대상으로 일반적 건강수준을 측정하는 대규모 조사에 널리 사용되는 도구이다.

② 임상연구에서 특정질병의 치료 효과를 측정하거나 동질적인 집단의 구성원의 건강수준 측정에 사용되고 있다.

③ SF-36을 적용한 전, 후 비교를 통해 중재프로그램의 효과 평가할 수 있다.

④ 문항: 신체적 기능, 신체적 역할 제한, 통증, 사회적 기능, 정신건강, 감정 문제로 말미암은 역할 제한, 활력, 일반건강, 건강상태 변화

(3) WHOQOL-BREF (World Health Organization Quality of Life assessment)

① 세계보건기구가 개발한 삶의 질 척도이다.

② 자기보고식 도구로 최근 2주간 주관적으로 느낀 삶의 질을 자가평가하며, 모든 문화권에서 삶의 질을 측정할 수 있다.

③ 문항: 신체건강영역, 심리영역, 사회관계 영역, 환경 영역 등 4개 영역의 24개 문항과 전반적인 삶의 질에 대한 2문항

(4) PWI-SF (Psychosocial Well-being Index-Short Form)

① PWI의 축약형으로서 한국 직장인과 지역사회 인구집단의 사회심리적 스트레스 측정할 수 있도록 번역한 도구이다.

② 인구학적 특성에 따른 정신건강 수준을 비교하고 스트레스 위험요인과 질병위험요인 간의 관련성을 파악하는데, 최근 몇 주간의 육체적, 심리적 상태를 파악하고 스트레스 수준을 평가할 수 있다.

③ 문항: 사회적 역할과 자기신뢰도 8문항, 우울 3문항, 수면장애와 불안 3문항, 일반건강과 생명력 4문항

---

5) 대한예방의학회, 예방의학과 공중보건(제4판), 계축문화사, 2021, p.108~110.

2. 정신질환과 인지능력 측정도구

(1) MMPI(Minnesota Multiphasic Personality Inventory)

① 가장 널리 쓰이고 있는 다면적 인성 검사이다.

② 개인의 인성 특징의 비정상성 또는 징후를 객관적으로 측정하기 위한 척도로서 정신과학적 분류를 통해 정신심리학적 상담과 치료에 이용하고, 비정상적인 방향으로 진전될 가능성을 미리 찾아내어 예방하고자 하는 목적을 가지고 있다.

③ 측정하는 10가지 임상척도는 건강염려증, 우울증, 히스테리, 반사회성, 남성 특성과 여성 특성, 편집증, 강박증, 정신분열증, 경조증, 내향성으로 구성되어 있다.

(2) CES-D-K(Center for Epidemiologic Studies Depression Scale Korean version)

① 일반 인구 집단을 대상으로 하는 자기 기입식 우울증 간이 선별도구로 우리말로 번역한 것이다.

② 지난 일주일 동안 경험한 우울을 측정하는데, 문항들이 매우 간결하고 증상의 존재 기간을 기준으로 심각도를 측정하기 때문에 모든 연령층에서 적용 가능하며 역학연구에 적합하다.

③ 특히 지역사회 주민 대상 연구에서 우울증상의 정도를 잘 반영하는 특성이 있어 유병률을 비교하는 데 이용할 수 있다.

(3) MMSE(Mini-Mental State Examination)

① 치매 선별 검사 도구로 인지기능 손상을 간단·신속하게 측정할 수 있는 대표적인 검사이다.

② 그러나 치매를 확진하거나 치매의 유형을 구별할 수는 없다.

③ 일반적으로 ㉠ 시간지남력, ㉡ 장소지남력, ㉢ 기억등록, ㉣ 기억회상, ㉤ 주의집중과 계산력, ㉥ 언어능력, ㉦ 실행능력, ㉧ 시공간구성능력, ㉨ 판단과 추상적 사고력 등으로 구성되어 있다.

④ 점수 범위는 0점에서 30점까지이며, 점수가 높을수록 인지기능 정도가 높음을 의미한다.

(4) GDS(Global Deterioration Scale)

① 치매가 의심되는 환자나 인지기능 장애가 의심되는 환자의 임상 양상과 심각도를 평가하도록 제작되었다.

② 주로 기억력과 일상생활기능에 초점이 맞추어진 평가 척도로, 시간에 따른 환자의 단계변화를 파악할 수 있어서 치료의 경과나 예후를 평가할 수 있고, 다른 질환과 감별하는 데에도 이용할 수 있다.

③ GDS는 간편하고, 소요시간이 짧으며, 교육수준, 문화·사회·경제 수준에 영향 받지 않고 사용할 수 있으며, 임상적 특성에 따라 포괄적인 단계를 평가할 수 있어, MMSE를 적용하기 어려운 환자들이나 행동장애가 있을 때에도 이용할 수 있다.

④ 7단계로 분류할 수 있는데, 인지장애의 정도에 따라 ㉠ 인지기능 정상 ㉡ 매우 경미한 인지 장애 ㉢ 경미한 인지 장애, ㉣ 경미한 치매, ㉤ 중등도 치매, ㉥ 비교적 심한 치매, ㉦ 중증 치매로 평가한다. ㉠~㉢은 치매 전 단계, ㉣~㉦은 치매 단계로 분류할 수 있다.

▌통계지표 산출▐ ···

ratio	proportion	rate
• 두 항목이 완전히 독립적일 때 한 측정값을 다른 측정값으로 나눈 A/B 또는 A : B 형태 • 성비, 사산비, 비교위험도, 교차비, 모성사망비 • 영아사망률, 신생아사망률, 주산기사망률	• 분자가 분모에 포함되는 형태(A/A+B)로 그 값은 0과 1 사이에 위치(백분율) • 백분율 = $[A/(A+B)] \times 100$ • 시점유병률, 누적 발생률, 치명률, 민감도, 특이도, 기여위험도, 비례사망률, 비례사망지수	• 특정 기간 한 인구 집단에서 발생한 사건의 빈도를 표현하는 지표로 '0'부터 '무한대'까지의 값 • 분자는 분모에 포함되며, 분자와 분모는 동일 기간이어야 하고, 분모는 어떤 사건을 같이 경험하는 위험 집단이어야 함 • 비율 = $[A/(A+B)] \times 10^x$ • 평균발생률(발생밀도), 조사망률(보통사망률), 특수사망률

▌사망지표▐ ···

조사망률	$\dfrac{\text{일정 기간의 전체 사망자 수}}{\text{일정 기간의 평균(또는 중앙) 인구}} \times 1{,}000$
영아사망률	$\dfrac{\text{일정 기간 중 1세 미만의 사망아 수}}{\text{일정 기간의 출생아 수}} \times 1{,}000$
신생아사망률	$\dfrac{\text{일정 기간 중 28일 미만의 사망아 수}}{\text{일정 기간의 출생아 수}} \times 1{,}000$
알파인덱스 (α-index)	$\dfrac{\text{영아 사망자 수}}{\text{신생아 사망자 수}}$
모성사망비	$\dfrac{\text{일정 기간 중 임신, 분만, 산욕의 합병증에 의한 사망자 수}}{\text{일정 기간의 출생아 수}} \times 100{,}000$
주산기사망률	$\dfrac{\text{임신 28주이상의 사산자 수 + 1주 미만 신생아 사망자 수}}{\text{주어진 기간의 총 출산아 수(태아사망 포함)}} \times 1{,}000$
유아사망률	$\dfrac{\text{일정 기간 1~4세 사망자 수}}{\text{일정 기간 1~4세 인구}} \times 1{,}000$
특수사망률	$\dfrac{\text{일정 기간 해당 집단의 사망자 수}}{\text{일정 기간의 특정 집단의 연평균(또는 중앙) 인구}} \times 100{,}000$

비례사망지수	$\dfrac{\text{그 연도의 50세 이상 사망자 수}}{\text{어떤 연도의 사망자 수}} \times 100$
비례사망률	$\dfrac{\text{그 연도의 특정 질환에 의한 사망자 수}}{\text{어떤 연도의 사망자 수}} \times 100$

▌율의 표준화▐

직접법	간접법
① 표준인구를 택하여 이 표준인구가 나타내는 연령분포를 비교하고자 하는 군들의 연령별 특수사망률에 적용하는 방법 ② 필요 요소: 표준인구 인구 구성, 비교집단의 연령별 특수사망률	① 비교하고자 하는 한 군의 연령별 특수사망률을 알 수 없거나, 대상인구수가 너무 적어서 안정된 연령별 특수사망률을 구할 수 없는 경우에 간접법을 사용한다. ② 필요 요소: 표준인구의 연령별 특수사망률, 비교집단의 연령별 인구 구성 $\text{표준화사망비(SMR)} = \dfrac{\text{관찰된 총사망수}}{\text{총기대사망수}}$

▌재생산 지표▐

조출생률	$\dfrac{\text{그 연도의 출생아 수}}{\text{어떤 연도의 연평균(또는 중앙) 인구}} \times 1,000$
일반출산율	$\dfrac{\text{그 연도의 출생아 수}}{\text{어떤 연도의 15~49세 여자 연평균(또는 중앙) 인구}} \times 1,000$
합계출산율	• 한 여자가 일생 동안 평균 몇 명의 자녀를 낳는가를 나타냄 • 국가별 출산력을 비교하는 지표 • 연령별 출산율의 합으로 계산
총재생산율	• 합계 출산율에서 여아의 출산율만 구하는 것 • 한 여자가 일생 동안 몇 명의 여아를 낳는가 • 어머니의 사망률을 무시한 경우
순재생산율	• 일생 동안 낳은 여아의 수 가운데 출산가능 연령에 도달한 생존 여자의 수만을 나타낸 지표 • 순재생산율 = 1.0: 인구 증감이 없다. 　[1.0 이상: 인구 증가(확대 재생산), 1.0 이하: 인구 감소(축소 재생산)]

발생률	• 발생률 = $\dfrac{\text{일정 기간 해당 지역에서 발생한 환자 수}}{\text{지역 전체 인구}} \times 1,000$ • 평균발생률 = $\dfrac{\text{일정 기간 해당 지역에서 발생한 환자 수}}{\text{총 관찰인년}} \times 1,000$
발병률	$\dfrac{\text{질병 발병자 수}}{\text{위험에 폭로된 인구수}} \times 100$
이차발병률	$\dfrac{\text{질병 발병자 수(발단환자 제외)}}{\text{환자와 접촉한 감수성자 수(발단환자 제외)}} \times 100$
유병률	$\dfrac{\text{어느 시점(기간)에 있어서 환자 수}}{\text{한 시점(기간)의 인구수}} \times 1,000$
발생률과 유병률	• P ≒ I × D (P: 유병률, I: 발생률, D: 이환 기간) • 질병의 발생률이 오랜 기간 동안 일정하고 유병 기간이 일정한 상태이며 그 지역사회에서 해당 질병의 유병률이 낮을 경우 P = I × D가 된다. 결핵, 암과 같이 질병의 이환 기간이 비교적 일정하면서 치병률이 높지 않은 만성 질환에서 이런 관계를 볼 수 있다. • 급성 감염병에서와 같이 질병이 이환 기간이 아주 짧을 때, 질병의 평균 이환 기간 D는 아주 짧다고 생각할 수 있으므로 P = I이 성립할 수 있다.

발생률	유병률
• 급성 질환이나 만성 질환의 질병의 원인을 찾는 연구의 기본적 도구 • 질병 발생의 확률을 직접적으로 나타내는 지표	• 질병관리에 필요한 인력 및 자원 소요의 추정 • 질병퇴치 프로그램의 유용성 평가 • 주민의 치료에 대한 필요 병상 수, 보건기관 수 등의 계획을 수립하는 데 필요한 정보 제공 • 시점유병률을 장기적으로 추적하여 질병 양상의 추이 파악

┃ 주요 지표 ┃ ·····

WHO 3대 보건지표	국가간(지역간) 비교를 위한 3대 보건지표
① 평균수명 ② 비례사망지수(PMI) ③ 조사망률	① 평균수명 ② 비례사망지수(PMI) ③ 영아사망률

제 1 장   감염성 질환 관리

┃감염병 자연사┃··

감염	① **감염(Infection):** 병원체가 숙주에 침입한 뒤 증식하여 세포와 조직에 병리 변화를 일으켜 증상과 증후를 나타내거나, 면역 반응을 야기하는 상태 ② **현성 감염:** 임상적 증상이 나타나는 감염 ③ **불현성 감염:** 감염이 일어났으나 임상 증상과 증후가 없는 상태로 증상이 없지만 혈청학적 검사를 통하여 감염 여부를 확인할 수 있음. 감염의 전체 규모를 파악하고 향후 발생 규모를 예측하는 데 중요함 ④ **잠재 감염:** 병원체가 숙주에서 임상 증상을 일으키지 않으면서 지속적으로 존재하는 상태로 병원체와 숙주가 평형을 이루는 상태, 병원체가 혈액이나 조직, 분비물에서 발견될 수도 발견되지 않을 수도 있음
자연사 용어	① **잠복기(Incubation Period):** 병원체가 숙주에 침입 후 표적 장기에 이동, 증식하여 일정 수준의 병리적 변화가 있어 증상과 증후가 발생할 때까지의 기간이다. ② **잠재 기간(Latent Period):** 감염이 일어났으나 병원체가 숙주에서 발견되지 않는 기간으로, 감염의 전파가 일어나지 않는 기간을 의미한다. ③ **개방 기간(Patent Period):** 감염 후 병원체가 숙주에서 발견되는 기간으로, 감염의 전파가 가능한 기간을 의미한다. ④ **세대기(Generation Time):** 감염 시작 시점부터 균 배출이 가장 많은 시점까지의 기간이다.

호흡기계 감염병	소화기계 감염병
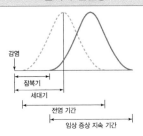	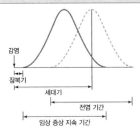
① 잠복기 말기부터 증상 발현 기간 초기에 기침에 의해 병원체 다량 배출 ② 대부분 직접 전파됨 ③ 환자 발견 뒤에 격리 조치의 효과가 제한적 ④ 연령, 성, 사회·경제적 상태에 따라 그 발생 차이 있음 ⑤ 계절적으로 많은 변화 양상 ⑥ 인구 집단에서 이병 손실 일수가 가장 높음	① 증상 가장 심한 시기가 지난 뒤 병원체가 배출 ② 환자 발견 뒤 격리 조치가 전파 예방에 효과적 ③ 증상이 사라진 뒤에도 격리가 필요 ④ 간접전파 ⑤ 지역 사회·경제적 여건 및 환경위생 상태와 밀접 ⑥ 계절적 특성이 크며 폭발적으로 발생 ⑦ 보건 수준의 지표

감염병 지표

(1) **감염력**: 병원체가 숙주 내에 침입 증식하여 숙주에 면역 반응을 일으키게 하는 능력
(2) **병원력**: 감염된 사람들 중에서 현성 감염자의 비율
(3) **독력**: 현성 감염자 중에서 매우 심각한 임상 증상이나 장애가 초래된 사람의 비율
(4) **치명률**: 현성 감염자 중에서 사망할 확률
  • 총감수성자(n)

감염(A+B+C+D+E)				
불현성 감염 (A)	현성감염(B+C+D+E)			
	경미한 증상 (B)	중등도 증상 (C)	심각한 증상 (D)	사망 (E)

  • 감염력(%) $= \dfrac{A + B + C + D + E}{N} \times 100$

  • 병원력(%) $= \dfrac{B + C + D + E}{A + B + C + D + E} \times 100$

  • 독력(%) $= \dfrac{D + E}{B + C + D + E} \times 100$

  • 치명률(%) $= \dfrac{E}{B + C + D + E} \times 100$

│ 감염병 유행 │································

감염병 생성과정	병원체 → 병원소 → 병원체의 탈출 → 전파 → 침입 → 신숙주의 저항성		
	세균	바이러스	리케치아
병원체	① 단세포, 견고한 세포벽 ② 항생제에 약함 ③ 조직세포 내에서 번식 하고, 양분과 알맞은 온도, 습도 및 산소가 있으면 배양이 가능함	① 병원체 중 가장 작음 ② 여과성 병원체 ③ 살아 있는 조직세포 내에서만 증식함 ④ 항생제에 저항	① 세균과 바이러스의 중 간 크기 ② 항생제 치료에 반응 ③ 바이러스와 같이 살아 있는 세포 안에서 증 식함
병원소	병원체가 생존하고 증식하면서 감수성 있는 숙주에 전파시킬 수 있는 생태적 지위 에 해당하는 사람, 동물, 곤충, 흙, 물 등을 말한다. (1) **인간 병원소**: 환자, 보균자(잠복기, 회복기, 건강) (2) **동물 병원소**: 소, 돼지, 양, 개, 쥐, 고양이, 박쥐 등 　① 소: 결핵, 탄저, 파상열(브루셀라증), 큐열, 살모넬라증, 광우병, 렙토스피 　　라증 　② 돼지: 살모넬라증, 파상열(브루셀라증), 탄저, 일본뇌염, 렙토스피라증 　③ 양: 탄저, 파상열(브루셀라증), 큐열 　④ 개: 광견병, 톡소플라즈마증 　⑤ 쥐: 페스트, 발진열, 살모넬라증, 렙토스피라증(와일씨병), 쯔쯔가무시증 　　(양충병), 유행성출혈열, 서교증 　⑥ 고양이: 살모넬라증, 톡소플라즈마증 　⑦ 토끼: 야토병 (3) **비동물성 병원소**: 토양, 흙, 먼지, 물 등(우유, 오염식품은 병원소가 아님) 병원소 표		

병원소	전형적인 예
인간	매독균, 임질균, HIV, B형 및 C형간염 바이러스. 이질균, 장티 푸스
동물	광견병 바이러스, 페스트균, 렙토스피라균, 살모넬라균, 브루셀 라균
흙	보툴리눔균, 히스토플라즈마와 기타 전신성진균
물	레지오넬라균, 슈도모나스균, 마이코박테리움 중 일부

	직접전파	간접전파
전파	① **피부접촉**: 임질, 매독 ② **비말**: 홍역, 인플루엔자 등 ③ **수직감염**: 매독, 풍진, 에이즈, 톡소플라즈마증, B형간염, 두창, 단순포진(Herpes)	(1) **활성매개** 　① **기계적 전파**: 매개 곤충이 기계적으로 병원체를 운반하는 것 　② **생물학적 전파**: 병원체가 매개 곤충 내에서 성장이나 증식을 한 뒤에 전파하는 경우 (2) **비활성매개** 　① **무생물 매개물**: 공기, 식품, 물, 우유, 토양 　② **비말핵**: 공기매개로 전파 　③ **개달물**: 완구, 의복, 책, 침구, 식기 등(트라코마, 결핵)

	구분	내용	예
생물학적 전파유형	증식형	병원체가 수적 증식만 한 후 전파하는 형태	• 모기: 일본뇌염, 황열, 뎅기열 • 벼룩: 페스트, 발진열 • 이: 발진티푸스, 재귀열
	발육형	수적 증식은 없지만 발육하여 전파하는 형태	모기: 사상충증
	발육 증식형	병원체가 발육과 수적 증식을 하여 전파되는 형태	• 모기: 말라리아 • 체체파리: 수면병
	배설형	증식한 후 장관을 거쳐 배설물로 배출된 것이 상처 부위나 호흡기계 등으로 전파되는 형태	• 이: 발진티푸스 • 벼룩: 페스트, 발진열
	경란형	곤충의 난자를 통하여 다음 세대까지 전파되는 형태	진드기: 록키산홍반열, 재귀열, 쯔쯔가무시증

신숙주 저항성	루더(De Rudder) 감수성지수: 홍역, 두창(95%) > 백일해(60~80%) > 성홍열(40%) > 디프테리아(10%) > 소아마비(0.1%)		

신숙주 저항성	능동 면역	자연능동 면역	질병에 이환된 후 자연적으로 형성. 두창, 홍역, 수두 등
		인공능동 면역	예방접종으로 항체가 생성되도록 하는 면역 방법. 생균백신, 사균백신, 순화독소
	수동 면역	자연수동 면역	경태반면역, 모유수유 등을 통해 얻는 면역. 홍역, 소아마비, 디프테리아 등
		인공수동 면역	B형간염면역글로불린, 파상풍 항독소, 면역혈청, 감마글로불린

	감염병 6단계	병원체	병원소	탈출	전파	침입	신숙주 감수성
단계별 관리	3대 관리 원칙	병원체와 병원소 관리		전파과정 관리			숙주관리
	관리 방법	• 병원소 살처분 • 사람병원소 격리 및 치료		• 검역 • 격리 • 환경위생, 식품위생, 개인위생 등			• 면역증강 • 조기발견 • 치료

검역 감염병 및 격리기간	① 콜레라: 5일(120시간) ② 페스트: 6일(144시간) ③ 황열: 6일(144시간) ④ 중증 급성호흡기 증후군(SARS): 10일(240시간) ⑤ 동물인플루엔자 인체감염증: 10일(240시간) ⑥ 중동 호흡기 증후군(MERS): 14일(336시간) ⑦ 에볼라바이러스병: 21일(504시간) ⑧ 신종인플루엔자, 질병관리청장이 긴급 검역 조치가 필요하다고 인정하여 고시하는 감염병: 검역전문위원회에서 정하는 최대 잠복기간

필수 예방접종 대상 전염병

결핵, B형간염, 디프테리아, 파상풍, 백일해, 폴리오, b형헤모필루스인플루엔자, 폐렴구균, 홍역, 유행성이하선염, 풍진, 수두, 일본뇌염, 인플루엔자, A형간염, 사람유두종바이러스감염증, 그룹A형 로타바이러스감염증, 질병관리청장 지정(장티푸스, 신증후군출혈열)

	방법	예방되는 질병
예방접종	생균	홍역, 유행성이하선염, 풍진, 결핵, 수두, 두창, 탄저, 황열, 폴리오(Sabin), 일본뇌염, 인플루엔자
	사균	백일해, B형간염, b형헤모필루스인플루엔자, 장티푸스, 신증후군출혈열, A형간염, 콜레라, 폴리오(Salk), 일본뇌염, 인플루엔자
	순화독소	디프테리아, 파상풍

임신부 예방접종 [6]

(1) 생백신 중 실제로 임신부에게 접종 시 태아에게 해를 끼치는 것이 증명된 백신은 두창 (smallpox)백신 한 가지이나 다른 모든 생백신 역시 이론적으로 임신부에서 태아로의 전파 가능성이 있기 때문에 임신 중에는 투여하지 않는다.

(2) 불활성화 백신은 체내에서 증식을 하지 않으므로 태아에게 감염을 일으키지 않는다. 일반적으로 불활성화 백신은 적응증이 되는 임신부에게 접종이 가능하다.

(3) 단, 사람유두종바이러스 백신(human papillomavirus vaccine)은 임신부에게 접종시 안전성과 효과에 대한 자료가 충분치 않으므로 임신 중에는 접종을 미루어야 한다.

(4) 임신부는 인플루엔자에 이환될 경우 합병증 발생 위험이 높으므로, 인플루엔자 시즌에 임신 계획이 있는 여성은 모두 인플루엔자 불활성화 백신을 접종받아야 한다. 임신부는 약독화 생백신 제형의 인플루엔자 백신을 투여 받아서는 안 된다.

(5) 임신부는 Tdap 백신 접종의 금기군이 아니며, Tdap 백신 접종력이 없는 가임 여성은 임신 전에 접종이 적극 권장되며, 임신 중 어느 시기에나 접종이 가능하나 항체 생성과 태아에게 항체 전달을 극대화시키기 위해서 27~36주에 접종하는 것이 가장 좋다. 과거 Tdap을 접종받은 적이 없고 임신중에도 접종받지 않았다면 분만 후 신속한 접종이 권장된다.

(6) 임신부의 가족 내 접촉자 중 홍역, 유행성이하선염, 풍진 및 수두에 대하여 감수성이 있는 사람은 MMR 및 수두 백신을 접종받아야 하며, 대상포진, 로타바이러스 백신 및 인플루엔자 생백신 등도 적응증이 되면 접종받을 수 있다.

구분	예방접종 종류
접종이 적극 권장되는 예방접종	인플루엔자, Tdap(임신 전 접종하지 못한 경우 임신 27~36주 사이에 접종 권장, 임신 중에 접종하지 못한 경우 분만 후 신속하게 접종)
적응증에 따라 고려하는 예방접종	B형 간염(항체가 없고 임신기간 동안 감염될 위험이 높은 경우)
임신 중 접종 금기인 예방접종	생백신(MMR, 수두, 대상포진, 인플루엔자 생백신, 일본뇌염 생백신) * 가임여성은 생백신 접종 후 4주간 임신을 피하도록 함

---

6) 질병관리청, 예방접종 대상 감염병의 역학과 관리, 2017, p.21.

(1) 예방접종의 역학적 의미

① 인공능동면역으로 분류되는 예방접종은 감염병을 예방하는 가장 효과적인 방법이다. 제너 (Jenner E, 1749~1823)가 처음으로 우두를 사용하였고, 1890년대 말부터 병원체들이 발견되면서 많은 백신이 개발되어 감염병 퇴치에 크게 기여하였다.

② 사람 간 전파로 인한 감염병인 상황에 해당 집단의 면역 수준에 따라 지역사회 유행이 발생하기도 하고 사라지기도 한다.

③ 집단면역이 충분히 높으면 감수성자가 일상적 접촉에서 전염성을 가진 환자와 접촉하게 될 확률이 낮으므로 유행이 발생하지 않는다. 따라서 예방접종을 통하여 지역사회의 집단면역 수준을 높이게 되면 지역사회에서 해당 감염병의 유행 발생을 막을 수 있으며, 특히 인간만이 숙주인 경우는 감염병을 퇴치할 수도 있다.

④ 지구상에서 예방접종을 통해 박멸된 감염병은 2가지로, 하나는 인간의 두창과 가축(소 등)에서 걸리는 우역(rinderpest)이다. 가까운 시일 안에 폴리오도 박멸될 것으로 전망된다. 한국은 1983년 이래 폴리오 환자 보고가 없었고, 2000년에는 WHO의 폴리오 박멸 인준을 위한 지역 위원회에서 한국을 폴리오 전염이 없는 지역이라고 선언하였다.

(2) 예방접종의 기본원칙

① **예방접종의 효과**: 백신 제조회사가 백신 판매 허가를 받기 위해서는 임상시험을 통하여 백신의 질병 방어 효과를 입증하여야 한다. 만약 백신의 질병 예방효과가 낮다면 예방접종이 권장되지 않는다.

② **예방접종의 안전성**: 백신의 예방효과가 아무리 좋아도 백신접종에 의한 이상반응이 흔하거나, 심각하다면 접종이 권장되지 않는다. 다만 어느 정도를 기준으로 할 것인가는 상대적인 문제로, 질병의 심각도와 발생률, 사회경제적 여건 등을 모두 고려하여야 한다.

③ **예방접종의 유용성(대상질환의 질병부담)**: 자연감염의 증상이 심하지 않거나 자연감염의 예방효과가 접종에 의한 면역보다 좋은 경우, 또는 질병의 발생률이 매우 낮은 경우는 예방접종의 유용성이 떨어진다.

④ **예방접종의 비용-편익, 비용-효과**: 보건학적 측면에서 전 인구집단을 대상으로 하는 예방접종 도입 결정은 비용-편익 분석이나 비용-효과 분석을 참조하여 이루어진다. 우리나라에서는 예방접종의 비용-편익 분석을 한 자료가 많지 않아 예방접종의 전체적인 이득을 제대로 평가하지 못하고 있다.

⑤ **예방접종 방법의 용이성**: 백신의 투여 방법이나 횟수가 접종을 제공하는 의료인뿐만 아니라 피접종자가 손쉽게 수용가능 하여야 한다. 예를 들어 단독 백신을 각각 접종하는 것보다 DTaP, MMR과 같은 혼합백신을 접종하면 훨씬 투여가 간편해 효율성이 크다.

---

7) 대한예방의학회, 예방의학과 공중보건학(제4판), 계축문화사, 20211, p.367~368

(3) 백신 실패

① 1차 백신 실패: 예방접종을 실시하였으나 숙주의 면역체계에서 충분한 항체를 만들지 못한 경우
② 2차 백신 실패: 예방접종 후 충분한 항체가 생성되었으나 시간이 지나면서 항체 역가가 떨어져 방어하지 못하는 경우

(4) 예방접종 효과 측정법

① 예방접종을 받은 개인이 갖는 백신효과는 질병에 걸릴 확률이 감소되며, 만약 질병에 걸리더라도 질병의 중증도와 유병기간이 줄어들고, 따라서 다른 사람에게 전파시킬 수 있는 정도(감염력)와 전파시킬 수 있는 감염기간이 줄어들게 된다.
② 예방접종을 받은 사람이 자연감염이 많은 사회에서 살게 되면 병원체와 접촉하여 면역력이 추가로 높아질 기회를 갖게 되어 백신 효과가 더 좋아질 수 있으나, 자연감염이 적은 사회라면 시간이 지나면서 항체가가 감소되어 소실되는 2차 백신 실패가 일어나서 백신 효과가 줄어들 수 있다.
③ 집단에서 나타나는 백신효과는 백신 접종률과 백신 접종 분포에 따라 다르게 나타난다. 예방접종의 직접 효과는 예방접종이 시행되고 있는 집단에서 백신접종군과 비접종군의 질병 발생률 차이로 평가할 수 있다.
④ 예방접종의 간접 효과는 예방접종이 시행되고 있는 집단의 비접종군과 예방접종이 시행되고 있지 않은 집단의 질병발생률 차이로 평가할 수 있다.
⑤ 백신 효과 평가 공식

> $VE(Vaccine\ efficacy) = (Iu - Iv)/Iu \times 100(\%)$
> - Iu: 비접종군의 질병 발생률
> - Iv: 접종군의 질병 발생률

(사례) 백신 효과 산출

우리나라 65세 이상 노인에서 인플루엔자 접종이 폐렴으로 인한 입원율을 감소시키는 효과가 있는지 검토하고자 한다. 한 지역사회에서 65세 이상 인플루엔자 접종군 10,000명과 비접종군 10,000명에 대해서 인플루엔자 유행기간동안 폐렴으로 입원한 비율을 조사한 결과 접종군에서는 65명, 비접종군에서는 150명이 입원하였다면 인플루엔자 백신 효과는 어느 정도인가?

- 백신 효과: (150/10,000 - 65/10,000)/(150/10,000) = 85/150 = 0.57
- 해석: 57%의 예방효과가 있다. 즉, 접종군은 백신 접종으로 인하여 폐렴으로 입원을 57% 감소시킬 수 있었다.

| 감염병 관리 | ....

신고	의사, 치과의사, 한의사	→ 관할 보건소장		1급: 즉시 2급, 3급: 24시간 이내 4급: 7일 이내
	의사, 치과의사, 한의사	→ 의료기관장 →	관할 보건소장 질병관리청장	
	감염병병원체 확인기관 직원	→ 확인기관의 장 →	관할 보건소장 질병관리청장	
	군의관	→ 소속 부대장 →	관할 보건소장	
	감염병 표본 감시기관	→ 관할 보건소장 질병관리청장		

공중 보건 감시		① **공중보건감시**(Public Health Surveillance): 질병과 상해 등 건강 관련 사건의 발생에 관한 지속적인 조사 ② **질병감시**: 질병관리의 계획, 집행, 평가를 위하여 역학적 정보를 체계적으로 수집하고 분석하고 해석하여 활용하는 것
	수동감시 체계	① 보건전문가가 환자를 발견하여 신고하고 보고하는 형태 ② 체계 유지가 용이하고 비용이 적게 듦 ③ 낮은 신고율: 사회적으로 주목받게 되면 역으로 신고율이 낮아질 수 있음

	능동감시
	체계
		① 감시체계 운영자가 직접 사례를 찾는 것
		② 역학 조사와 연계하여 사용
		③ 사례 발견의 완전성은 높으나 많은 인력, 비용, 시간의 투입이 필요하여 상시 운영이 어려움
		④ 한정된 기간에만 사용
		  ㉠ 유행이 일어났거나 유행이 예측되어 집중적인 자료수집이 필요한 경우
		  ㉡ 새로운 질병이나 새로운 전파경로 등에 관한 조사가 필요한 경우
		  ㉢ 새로운 지역이나 인구 집단에 유행이 일어난 경우
		  ㉣ 특정 보건사업 후 효과를 타당성 있게 평가하기 위한 경우

위기 경보 수준	관심 (Blue)	• 해외에서의 신종감염병의 발생 및 유행 • 국내 원인불명 · 재출현 감염병의 발생
	주의 (Yellow)	• 해외에서의 신종감염병의 국내 유입 • 국내 원인불명 · 재출현 감염병의 제한적 전파
	경계 (Orange)	• 국내 유입된 해외 신종감염병의 제한적 전파 • 국내 원인불명 · 재출현 감염병의 지역사회 전파
	심각 (Red)	• 국내 유입된 해외 신종감염병의 지역사회 전파 또는 전국적 확산 • 국내 원인불명 · 재출현 감염병의 전국적 확산

구분	제1급 감염병	제2급 감염병	제3급 감염병	제4급 감염병
특성	생물테러감염병, 높은 치명률 집단발생 우려 커서 발생 또는 유행 즉시 신고. 음압격리와 같은 높은 수준의 격리가 필요한 감염병	전파가능성 고려하여 발생 또는 유행 시 24시간 이내에 신고하여야 하고, 격리가 필요	발생을 계속 감시할 필요가 있어 발생 또는 유행 시 24시간 이내에 신고하여야 하는 감염병	제1급~제3급 감염병까지의 감염병 외에 유행 여부를 조사하기 위하여 표본감시 활동이 필요한 감염병
종류	① 에볼라바이러스병 ② 마버그열 ③ 라싸열 ④ 크리미안콩고출혈열 ⑤ 남아메리카출혈열 ⑥ 리프트밸리열 ⑦ 두창 ⑧ 페스트 ⑨ 탄저 ⑩ 보툴리눔독소증 ⑪ 야토병 ⑫ 신종감염병증후군 ⑬ 중증급성호흡기증후군(SARS) ⑭ 중동호흡기증후군(MERS) ⑮ 동물인플루엔자인체감염증 ⑯ 신종인플루엔자 ⑰ 디프테리아	① 결핵(結核) ② 수두(水痘) ③ 홍역(紅疫) ④ 콜레라 ⑤ 장티푸스 ⑥ 파라티푸스 ⑦ 세균성이질 ⑧ 장출혈성대장균감염증 ⑨ A형간염 ⑩ 백일해 ⑪ 유행성이하선염 ⑫ 풍진 ⑬ 폴리오 ⑭ 수막구균감염증 ⑮ b형헤모필루스인플루엔자 ⑯ 폐렴구균감염증 ⑰ 한센병 ⑱ 성홍열 ⑲ 반코마이신내성황색포도알균(VRSA) 감염증 ⑳ 카바페넴내성장내세균목(CRE)감염증 ㉑ E형간염	① 파상풍 ② B형간염 ③ 일본뇌염 ④ C형간염 ⑤ 말라리아 ⑥ 레지오넬라증 ⑦ 비브리오패혈증 ⑧ 발진티푸스 ⑨ 발진열 ⑩ 쯔쯔가무시증 ⑪ 렙토스피라증 ⑫ 브루셀라증 ⑬ 공수병 ⑭ 신증후군출혈열 ⑮ 후천성면역결핍증(AIDS) ⑯ 크로이츠펠트-야콥병(CJD) 및 변종크로이츠펠트-야콥병(vCJD) ⑰ 황열 ⑱ 뎅기열 ⑲ 큐열(Q열) ⑳ 웨스트나일열 ㉑ 라임병 ㉒ 진드기매개뇌염 ㉓ 유비저(類鼻疽) ㉔ 치쿤구니야열 ㉕ 중증열성혈소판감소증후군(SFTS) ㉖ 지카바이러스감염증 ㉗ 매독(梅毒) ㉘ 엠폭스(MPOX)	① 인플루엔자 ② 회충증 ③ 편충증 ④ 요충증 ⑤ 간흡충증 ⑥ 폐흡충증 ⑦ 장흡충증 ⑧ 수족구병 ⑨ 임질 ⑩ 클라미디아감염증 ⑪ 연성하감 ⑫ 성기단순포진 ⑬ 첨규콘딜롬 ⑭ 반코마이신내성장알균(VRE) 감염증 ⑮ 메티실린내성황색포도알균(MRSA)감염증 ⑯ 다제내성녹농균(MRPA) 감염증 ⑰ 다제내성아시네토박터바우마니균(MRAB) 감염증 ⑱ 장관감염증 ⑲ 급성호흡기감염증 ⑳ 해외유입기생충감염증 ㉑ 엔테로바이러스감염증 ㉒ 사람유두종바이러스 감염증 ㉓ 코로나바이러스-19

▌질병관리청장이 고시하는 감염병▐ ··

구분	기생충 감염병	세계보건기구 감시대상 감염병	생물테러 감염병
특성	기생충에 감염되어 발생하는 감염병	국제공중보건의 비상사태에 대비하기 위함	고의 또는 테러 등을 목적으로 이용된 병원체
종류	① 회충증 ② 편충증 ③ 요충증 ④ 간흡충증 ⑤ 폐흡충증 ⑥ 장흡충증 ⑦ 해외유입 　 기생충감염증	① 두창 ② 폴리오 ③ 신종인플루엔자 ④ 중증급성호흡기 증후군 　 (SARS) ⑤ 콜레라 ⑥ 폐렴형 페스트 ⑦ 황열 ⑧ 바이러스성출혈열 ⑨ 웨스트나일열	① 탄저 ② 보툴리눔독소증 ③ 페스트 ④ 마버그열 ⑤ 에볼라바이러스병 ⑥ 라싸열 ⑦ 두창 ⑧ 야토병

성매개 감염병	인수공통 감염병	의료관련 감염병
성 접촉을 통해 전파	동물과 사람 간에 서로 전파	환자나 임산부 등이 의료행위를 적용받는 과정에서 발생한 감염병

① 매독
② 임질
③ 클라미디아 감염증
④ 연성하감
⑤ 성기단순포진
⑥ 첨규콘딜롬
⑦ 사람유두종바이러스 감염증
	① 장출혈성 대장균 감염증
	② 일본뇌염
	③ 브루셀라증
	④ 탄저
	⑤ 공수병
	⑥ 동물인플루엔자인체감염증
	⑦ 중증급성호흡기증후군
	(SARS)
	⑧ 변종크로이츠펠트-야콥병
	(vCJD)
	⑨ 큐열
	⑩ 결핵
	⑪ 중증열성혈소판감소증후군
	(SFTS)
	⑫ 장관감염증
	  ㉠ 살모넬라균 감염증
	  ㉡ 캄필로박터균 감염증
		① 반코마이신내성황색포도알균
		(VRSA) 감염증
		② 반코마이신내성장알균
		(VRE) 감염증
		③ 메티실린내성황색포도알균
		(MRSA) 감염증
		④ 다제내성녹농균(MRPA)
		감염증
		⑤ 다제내성아시네토박터바우마
		니균(MRAB) 감염증
		⑥ 카바페넴내성장내세균목(CRE)
		감염증

···

질병	분류	원인균	병원소	감염 및 전파
콜레라	2급 · 검역	콜레라균 Vibrio Cholerae	사람	• 사람 간 전파 가능 • 심각한 식수, 식품 오염시 유행
장티 푸스	2급	살모넬라 타이피균 Salmonella Typhi	사람	• 사람 간 전파 가능 • 심각한 식수, 식품 오염시 유행
파라 티푸스	2급	파라티푸스균 Salmonella paratyphi	사람, 드물게 가축	• 환자 손에 의해 오염된 음식으로 전파
세균성 이질	2급	시겔라균 Shigella	사람	• 사람 간 전파 쉽게 일어남 • 10~100마리 균으로도 감염 • 물 · 음식 적은 오염으로 집단 발병
장출혈성 대장균 감염증	2급 인수공통	대장균 E-coli O157 Shiga toxin	소, 양, 돼지, 개, 닭	• 사람 간 전파 쉽게 일어남 • 덜익은 소고기, 소독 안 된 우유, 소 분변 접촉
A형간염 (유행성 간염)	2급	Hepatitis A Virus	사람	• 분변-구강경로, 사람 간 전파 • 분변오염된 물 · 음식 • 혈액제재, 주사기 공동사용
폴리오 (소아마비)	2급 · WHO 감시대상	Polio virus	사람	• 분변-구강경로 전파 • 배설물 · 호흡기 분비물 접촉 감염

잠복기	증상	관리 및 예방
2~3일 최대 5일	• 수양성설사, 구토, 탈수, 복통과 열이 없음 • 엘토르형−불현성감염 많고 치명률 낮음	• 식수위생, 개인위생 • 유행지역 방문 시 예방접종 권고
3~30일 (8~14일)	• 고열, 두통, 쇠약감, 서맥, 비장종대, 전 신홍반, 2~5%는 만성보균자	• 환경관리, 환자 및 보균자 격리 • 예방접종 • 검사: Widal test
1~3주	• 오한, 두통, 설사, 변비, 서맥 등	• 손씻기, 위생적인 조리
12시간~ 7일 (1~3일)	• 고열, 구토, 복통, 뒤무직, 혈액이나 고름 섞인 대변	• 백신 없음 • 접촉자 관리 • 환경위생, 손씻기
2~8일 (3~4일)	• 무증상감염, 오심, 구토 등, 수양설 설사, • 출혈성 장염,혈소판감소성 자반증, 용혈 요독증후군	• 백신 없음 • 환경위생, 손씻기, 가축사육장 방역
15~50일 (평균 28일)	• 피로감, 발열, 황달, 간종대 등 • 만성으로 거의 이행되지 않음 • 6세 미만 70% 이상 무증상 또는 가벼운 증상, 성인은 간염증상(70% 황달 동반)	• 예방접종(사백신) • 손씻기, 개인위생
3~35일 (7~10일)	• 감염자 90% 무증상 · 경증 • 소아 중추신경 및 신경 손상으로 영구마비	• 예방접종 • 생백신 Sabin(OPV) • 사백신 Salk(IPV)

질병	분류	원인균	병원소	감염 및 전파
홍역	2급	Measles virus	사람	• 호흡기 분비물, 비말, 공기전파 • 1~2세 호발
유행성 이하선염 (볼거리)	2급	Mumps virus	사람	• 비말, 비말핵 전파 • 15세 이하 호발
풍진	2급	Rubella virus	사람	• 비말, 공기감염, 분변, 소변 • 혈액 및 태반 통한 수직감염
수두	2급	Varicella Zoster virus	사람	• 수포성 병변 직접 접촉, 호흡기 분비물 공기전파 • 95%가 15세 이하에서 발생
디프테리아	1급	디프테리아균 Corynebacterium Diphtheriae	사람	• 비말, 비말핵, 간혹 피부병변 접촉 • 주로 어린이 호발(60% 4세 미만)
백일해	2급	백일해균 Bordetella Pertussis	사람	• 호흡기 분비물, 비말, 비말핵 공기전파 • 5세 이하 호발
성홍열	2급	베타용혈성 연쇄구균 (β-hemolytic Streptococci)의 발열성 외독소	사람	• 호흡기 분비물, 비말, 비말핵 공기전파 • 오염된 손·물체 간접전파
인플루엔자	4급	Influenza virus	사람	• 비말, 공기전파

잠복기	증상	관리 및 예방
10~12일	• 전구기: 전염력 가장 강한 시기, 발열, 식욕부진, 기침 콧물, 코플릭반점 • 발진기: 발진이 귀 뒤에서 몸통 사지 퍼짐 • 합병증: 중이염, 폐렴, 장염, 뇌염 등 • 수직감염(태아 선천성 홍역)	• 예방접종(MMR, 생백신) 1차: 12~15개월, 2차: 4~6세
16~18일	• 침샘의 부종과 통증, 이하선염 • 합병증: 수막뇌염, 고환염, 부고환염, 난소염, 청력 장애	
2~3주	• 발열, 피로, 결막염, 림프절 통증, 얼굴에서 신체 하부로 퍼지는 홍반성 구진 • 임신 초기감염 시 태아 선천성 풍진 발생(난청, 백내장, 심장기형, 소두증, 정신지체 등)	
10~21일 (14~16일)	• 무증상 감염 거의 없다. • 발열, 권태감, 식욕부진, 발진 • 임신 1기 감염 시 태아 선천성 수두 증후군 발생 (저체중, 사지형성 저하, 피부가피, 부분적 근육 위축, 뇌염, 소두증 등)	• 예방접종(생백신): 12~15개월
1~10일 (2~5일)	• 발열, 피로, 인후통, 상기도 감염, 호흡기 폐색 • 합병증: 심근염, 신경염	• 예방접종(순화독소, DTaP) • 검사: Schick Test
4~21일 (7~10일)	• 카타르기: 1~2주간 미열, 콧물, 경미한 기침, 가장 높은 전염력 • 경해기: 2~4주간 발작적 기침 후 구토 • 회복기: 1~2주에 걸쳐 회복	• 예방접종(사백신, DtaP)
1~7일 (3일)	• 열, 인후통, 전신발진, 입 주위에만 발진이 없음 • 혀가 딸기모양으로 변함	• 백신 없음 • 환경위생, 개인위생
1~3일 (2일)	• 고열(38~40℃), 오한, 인후통, 기침, 근육통 • 합병증: 폐렴, 뇌염, 심근염 등	• 예방접종

호흡기계 감염병 2

질병	분류	원인균	병원소	감염 및 전파
중증급성 호흡기 증후군 SARS	1급 · 검역 · 인수공통 · WHO 감시대상	SARS Coronavirus	야생동물 (사향고양이, 너구리, 족제비) 사람	• 비말, 공기전파 • 감염 후 무증상기에는 감염력 없다 고 보고 있음. • 위급하거나 증상이 심한 환자들은 매우 쉽게 질병 전파시킴.
중동 호흡기 증후군 MERS	1급 · 검역	MERS-CoV	낙타, 사람	• 낙타 분비물, 우유, 대소변 • 사람 간 밀접접촉

절지동물매개감염병

질병	분류	원인균	병원소	전파
일본 뇌염	3급 · 인수 공통	Japanes Encephalitis B Virus	돼지	• 일본뇌염모기(Culex Tritaeniorhynchus) • 사람간 전파 없음
지카 바이러스 감염증	3급	Zika virus	원숭이	• 이집트숲모기 (Aedes Aegypti) • 흰줄숲모기(Aedes Albopictus) 매개 가능(국내) • 수직감염, 수혈, 성접촉
쯔쯔 가무시증	3급	Rickettsia Tsutsugamushi	들쥐	• 털진드기

잠복기	증상	관리 및 예방
2~10일 (4~6일)	• 고열(38℃), 호흡기질환 증상, 설사와 같은 소화기 증상 • 병원중심 유행	• 백신 없음 • 의료인 환자 볼 때 N95마스크와 고글 포함한 개인보호구 철저히 착용 • 증상있는 환자 밀접한 접촉 한 사람은 10일간 발열 등 증상발현 여부 관찰 • 유행지역 여행 제한, 국가간 검역, 손씻기 등 개인위생
2~14일 (5~6일)	• 발열, 기침, 호흡곤란, 폐렴, 오심, 구토, 복통, 설사 등 • 합병증: 다발성 장기부전, 급성신부전	• 백신 없음 • 병원 내 높은 감염관리수준 필요 • 손씻기, 기침 예절 준수 등

잠복기	증상	관리 및 예방
7~14일	• 대부분 불현성 감염 • 고열(39~40℃), 두통 등 • 뇌염, 무균성 수막염 등	• 모기박멸 • 예방접종
2~14일	• 80% 정도 불현성 감염 • 발진, 발열, 관절통, 결막염, 두통 등 • 소두증 신생아 출산	• 백신 없음 • 모기박멸 • 발생국 방문 시 무증상이어도 6개월간 임신 연기 및 성관계 절제
6~21일 (10~21일)	• 고열, 오한, 두통, 피부발진, 림프절비대, 간비종대, 결막충혈	• 백신 없음 • 진드기에 물리지 않도록 주의

질병	분류	원인균	병원소	전파	잠복기
렙토 스피라증	3급	렙토스피라균 (L. Interrogans, L. Biflexa)	소, 돼지, 쥐 등	• 들쥐 배설물의 병원체가 피부창 상으로 직접 전파 • 오염된 음료수로 경구감염	2~30일 (5~14일)
신증후군 출혈열 (유행성 출혈열)	3급	Hantan virus, Seoul Virus	들쥐	• 들쥐 배설물이 건조되면서 호흡 기로 전파	2~3주

▌만성감염병 ▌

질병	분류	원인균	병원소	전파	잠복기
결핵	2급	결핵균 (Mycobacterium Tuberculosis)	사람, 소	비말 감염, 비말핵에 의한 공기감 염, 비진감염, 우유감염, 오염식품	2~12주
B형간염	3급	hepatitis B virus	사람	• 혈액, 체액에 의해 감염 • 수직감염, 성접촉, 수혈, 오염된 주사기	60~160일
AIDS	3급	HIV; Human Immunodeficiency Virus	사람	• 성접촉, 수혈, 오염된 주사기, 침, 면도칼 • 수직감염 가능	1~6주 또는 수년

증상	예방
• 가벼운 감기증상(고열, 두통, 근육통, 오심 구토 등), 눈의 충혈 • 웨일씨병(황달, 신부전, 출혈 등)	• 가축, 개 등 예방접종 • 쥐 구서작업
• 발열, 출혈, 신장이상	• 위험지역 군인, 농부 예방접종 • 늦봄, 늦가을 잔디에 눕지 말기

증상	예방
• 초기에는 미열, 약한 발한, 피로, 체중감소 등 • 심하게 진행 시 기침, 객혈 • **연령별 발생률**: 80세 이상에서 가장 높으며 그 다음이 70대, 60대 순(10대 후반에 크게 증가한 후 25~29세에 한 번 정점-결핵 후진국형) • 전체적으로 남자에서 여자보다 더 높음(특히 고령층에서. 20~30대는 남녀 차이 크지 않음) • 도시 > 농촌	• BCG 예방접종(1개월 이내 피내용) • 건강관리 • 치료: 약물치료 6개월 이상(직접복약확인 서비스 실시) • 진단: PPD test
• **급성 감염**: 피로감, 식욕 부진 등의 전구증상 후 황달 • **만성 감염**: 15~25%는 간경화나 간암으로 진행	• 예방접종 • 산모 B형간염 검사 • 혈액은행 기준 강화
무증상의 건강한 보균자로부터 각종 기회감염, 악성종양, 신경계통의 합병증까지 다양	• 건전한 성문화 • 환자 조기발견 및 전파방지 • 진단: ELISA test, 웨스턴블롯(확진검사)

감염병 분류 및 진단

감염병 분류	소화기계 감염병	콜레라, 장티푸스, 파라티푸스, 세균성 이질, 장출혈성대장균감염증, A형간염, 폴리오 등
	호흡기계 감염병	홍역, 디프테리아, 백일해, 수두, 풍진, 유행성이하선염, 성홍열, 인플루엔자, b형헤모필루스인플루엔자, 폐렴구균, SARS, MERS 등,
	절족동물매개	페스트, 발진티푸스, 말라리아, 일본뇌염, 쯔쯔가무시증, 뎅기열, 지카바이러스감염증
	동물매개 감염병	렙토스키라증, 신증후군출혈열, 브루셀라증, 탄저병, 공수병 등
	만성감염병	결핵, 한센병, B형간염, C형간염, AIDS 등
진단방법	① 장티푸스 → Widal Test ③ 디프테리아 → Schick Test ⑤ 매독 → Wassermann Test ⑦ 에이즈 → Elisa Test	② 성홍열 → Dick Test ④ 한센병 → Lepromin Test ⑥ 피부 → Patch Test ⑧ 결핵 → PPD 또는 TB Test

만성질환 특징 ···

역학적 특성	① 직접적인 원인이 존재하지 않는다. ② 원인이 다인적이다. ③ 잠재 기간이 길다. ④ 질병 발생 시점이 불분명하다. ⑤ 증상이 호전과 악화 과정을 반복하면서 결과적으로 나쁜 방향으로 진행한다. ⑥ 발병 후 완치되기 어려우며 진행 경과 오래 걸리면서 단계적으로 기능 저하나 장애가 심화되는 경우 많다. ⑦ 연령이 증가하면 유병률도 증가한다. ⑧ 만성 대사성 퇴행성 질환이 대부분이다. ⑨ 집단 발생 형태가 아닌 개인적·산발적인 질병이다. ⑩ 여러 가지 질환이 동시에 이환된다.
사망 원인	① 2023년 5대 사망통계: 악성신생물 > 심장질환 > 폐렴 > 뇌혈관질환 > 고의적 자해 ② 10대 사인은 전체 사망원인의 65.6%를 차지, 3대 사인(암, 심장질환, 폐렴)은 전체 사인의 41.9%를 차지 ③ 심장 질환, 폐렴, 알츠하이머병, 고혈압성 질환, 패혈증은 10년 전과 비교하여 순위가 상승

▌만성질환의 역학적 특징 [8] ▌ ···

① 발생원인에 있어 다요인질병이다. 다수의 위험요인이 복합적으로 작용하여 발생하며, 발생기
   전에 있어서도 불명확하다.
② 자연사에 있어서 질병 발생시점을 정확하게 알기 어렵다.
③ 위험요인 노출시점으로부터 발병까지의 유도기간이 길다.
④ 발병 이후 완치되기 어려운 상태를 유지하며, 진행 경과가 오래 걸리면서 단계적으로 기능의
   저하나 장애가 심화되는 경우가 많다.
⑤ 대부분의 만성질환은 비감염성 또는 비전염성질환으로, 감염병과 같이 접촉 등 매개체에 의
   해 전파되지 않는다.
   ㉠ 그러나 일부 만성질환은 감염에 의해 질병이 발생할 수도 있다. 간암의 주요 위험요인인
      B 및 C형간염 바이러스, 위암의 위험요인인 헬리코박터, 혹은 자궁경부암과 두경부암, 피
      부상피암의 위험요인인 사람유두종바이러스 등은 감염 인자가 만성질환에 기여한다.
   ㉡ 사회문화적 요인 등에 의한 매개체에 의해 전파되기도 한다. 흡연 등의 행태요인들은 인
      구집단에서 그 행위가 확산되어 폐암 등의 질병 유행이 발생되기도 한다.

---

8) 대한예방의학회, 예방의학과 공중보건학(제4판), 계축문화사, 2021, p.455~456.

만성질환의 10가지 오해와 진실(WHO) ··

	오해	진실
1	주로 고소득 국가에 영향을 준다.	만성질환 사망자 5명 중 4명은 저·중소득 국가에서 발생한다.
2	저·중소득 국가에서는 만성질환에 앞서 감염성질환을 통제해야 한다.	저·중소득 국가에서는 감염성질환 문제도 있으나 급증하는 만성질환이 미래의 큰 문제로 떠오르고 있다.
3	주로 부유한 사람들에게 영향을 준다.	거의 모든 나라에서 가난한 사람이 부유한 사람보다 만성질환 발생위험 및 사망위험이 높으며, 만성질환의 경제적 부담으로 더욱 가난하게 된다.
4	주로 노인들에게 영향을 준다.	만성질환의 반 정도가 70세 이전에 조기사망을 초래한다.
5	주로 남성들에게 영향을 준다.	심장병을 포함해서 만성질환은 대체로 남녀에게 비슷하게 영향을 준다.
6	불건강한 생활양식의 결과이며 개인의 책임이다.	건강을 위한 의료자원의 배분이 적절하고 건강에 대한 교육이 충분히 이루어지는 경우가 아니라면 개인에게 책임을 물을 수 없다.
7	예방할 수 없다.	알려진 주요 위험요인이 제거된다면 심장병, 뇌졸중, 당뇨병의 80%와 암의 40%를 예방할 수 있다.
8	예방과 관리는 비용이 지나치게 많이 든다.	세계 어디서나 만성질환에 대한 중재는 매우 비용-효과적이며 값싸게 실행할 수 있다.
9	위험요인이 많아도 건강히 오래살 수 있고, 위험요인이 없어도 젊어서 만성질환으로 죽을 수 있다. (반쪽진실)	드물게 예외가 있으나 대다수의 만성질환은 공통적인 위험요인이 있으며 이들을 제거함으로써 예방될 수 있다.
10	누구나 무슨 원인으로든 죽게 마련이다. (반쪽진실)	죽음은 피할 수 없으나, 서서히 고통스럽게 일찍부터 죽을 필요도 없다.

만성질환 감시 원칙과 방법 [9]

(1) 만성질환 감시

① 만성질환 발생과 해당 위험요인 노출에 대한 자료를 체계적으로 수집, 분석, 해석하여 정책 결정자나 그 밖의 수요자에게 적시에 제공하는 활동이다.

② WHO에서는 주요 만성질환의 위험요인의 유병 정도를 파악하여 만성질환 예방과 관리를 위한 정책개발에 활용할 수 있도록 국가 단위의 감시활동을 권장하고 있다.

(2) WHO STEPS 사업

① 4가지 주요 만성질환(심혈관질환, 암, 만성폐질환, 당뇨)를 일으키는 위험요인으로 4가지 생활습관과 관련된 요인(흡연, 음주, 나쁜 식이습관, 신체활동 부족)과 4가지 생체요인(비만과 과체중, 혈압상승, 혈당상승, 지질이상)에 대한 조사이다.

② 각국에서는 나라의 상황에 맞추어 감시체계를 수행하며 정기적인 유병조사자료를 이용하여 위험요인의 추세를 지속적으로 관찰할 수 있고, 관련 정책을 세우는 주요 근거를 마련하게 된다.

③ WHO는 그 자료를 이용하여 국가 간 비교를 할 수 있다.

(3) 한국의 주요 만성질환 감시체계

이름	국민건강 영양조사	지역사회 건강조사	손상감시사업	암등록사업
담당기관	질병관리청	질병관리청	질병관리청	중앙암등록본부 (국립암센터)
시작년도	1998	2008	2005	1980
목표인구	전국	전국(시군구)	전국	전국
자료수집방법	표본조사	표본조사	병원기반	인구기반
주요대상지표	만성질환 및 위험요인 유병률	만성질환 및 위험요인 유병률	심뇌혈관질환 및 손상 발생률	발생률, 생존율, 사망률

---

9) 대한예방의학회, 예방의학과 공중보건학(제4판), 계축문화사, 2021, p.459~460.

암	(1) 2021년 암 발생 순위 ① 전체: 갑상선암 > 대장암 > 폐암 > 위암 > 유방암 ② 남자: 폐암 > 위암 > 대장암 > 전립선암 > 간암 ③ 여자: 유방암 > 갑상선암 > 대장암 > 폐암 > 위암 ④ 10년간 감소추세: 위암, 대장암, 간암, 자궁경부암 ⑤ 10년간 증가추세: 유방암 (2) 2023년 암 사망률 ① 전체: 폐암 > 간암 > 대장암 > 췌장암 > 위암 ② 남자: 폐암 > 간암 > 대장암 ③ 여자: 폐암 > 대장암 > 췌장암 ④ 10년 전보다 췌장암, 폐암, 대장암, 전립선암 등의 사망률은 증가하였고, 위암, 간암의 사망률은 감소함

암종	검진대상	검진주기
위암	40세 이상 남 · 여	2년 주기
대장암	50세 이상 남 · 여	1년 주기
간암	40세 이상 남 · 여 중 간암 발생 고위험군 해당자	6개월 주기
유방암	40세 이상 여성	2년 주기
자궁경부암	20세 이상 여성	2년 주기
폐암	54세 이상 74세 이하의 남 · 여 중 폐암 발생 고위험군	2년 주기

고혈압	(1) 진단기준: 정상－120/80mmhg 미만, 고혈압－140/90mmhg 이상 (2) 분류: 본태성고혈압(85~90%), 속발성고혈압 (3) 위험요인: 연령, 성, 유전, 소금섭취, 칼륨섭취 부족, 비만, 운동부족, 음주, 스트레스

당뇨병	(1) 진단기준 ① 정상: 공복혈장혈당 100mmg/dL 미만, 당부하 2시간 후 혈장혈당 140mg/dL 미만 ② 당뇨병: 공복혈장혈당 ≥ 126mmg/dL, 당부하 2시간 후 혈장혈당 ≥ 200mg/dL, 당화혈색소(HbA1c)≥6.5% (2) 분류 ① 제1형 당뇨병(소아형): 췌장 베타 세포의 파괴로 인한 인슐린 결핍을 특징으로 하며 만 14세 이전에 발생 ② 제2형 당뇨병(성인당뇨): 인슐린 저항성과 상대적인 인슐린 부족. 나이, 비만, 가족력, 인종, 운동량, 영양상태, 환경변화 등이 위험요인 (3) 증상 ① 대사장애로 인한 증상: 다뇨, 다음, 다식, 체중 감소, 피로, 권태감 ② 합병증: 시력장애, 망막증, 말초신경염, 지각장애, 당뇨성 족부궤양, 피부소양증, 종기, 동맥경화증, 협심증, 고혈압, 당뇨병성 신장염 등
심혈관 질환	(1) 정의: 관상동맥 질환, 고혈압성 심장 질환, 부정맥, 판막 질환, 선천성 심장질환, 심근증, 심낭 질환, 심부전 등의 심장 질환과 뇌졸중, 말초혈관 질환, 동맥류 등의 혈관 질환을 포함하는 질병의 군 (2) 위험요인 ① 밝혀진 위험요인은 고혈압, 흡연, 고콜레스테롤혈증, 비만, 당뇨병, 운동부족, 음주, 가족력 및 개인 성격 등임 ② 한국인의 심혈관 질환 주요 위험요인이 인구집단기여위험도 ㉠ 허혈성심질환: 흡연(41%) > 고혈압(21%) > 고지혈증(9%) ㉡ 뇌혈관질환: 고혈압(35%) > 흡연(26%) > 고지혈증(5%)
대사 증후군	(1) 정의: 대사이상으로 유발되는 고혈압, 복부비만, 인슐린저항 그리고 이상지질혈증의 복합적이고 상호연관된 징후들의 집합체로서 당뇨병과 심혈관질환 발생률을 높이는 위험요인이다. (2) 진단 기준: ATPⅢ 기준, 진단 항목 5개 중 3개 또는 그 이상을 나타내는 경우 표아래

진단 항목	진단 수치
허리둘레	남자 ≥ 90cm, 여자 ≥ 85cm
중성지방	≥ 150mg/dL 또는 약물치료
고밀도지단백 콜레스테롤	남자 < 40mg/dL, 여자 < 50mg/dL 또는 약물치료
고혈압	수축기/이완기 ≥ 130/85mmHg 또는 약물치료
고혈당	공복혈당 ≥ 100mg/dL 또는 약물치료

심혈관질환의 기술역학적 특성과 위험요인

(1) 심혈관질환 기술역학적 특성

① 심혈관질환은 세계적으로 발생 규모와 질병 부담이 매우 큰 질환이다. 전세계 사망원인 1위가 허혈성 심장질환이며 2위가 뇌혈관질환이다. 세계보건기구는 2030년까지 이 두 질환이 사망원인 수위를 유지할 것으로 예상하고 있다.

② OECD 국가들의 질병 통계를 보면 2013년 기준으로 우리나라는 일본, 프랑스와 함께 허혈성심질환 사망률이 가장 낮은 국가에 속한다. 그러나 우리나라의 뇌졸중 사망률은 OECD 전체 평균보다 높다.

③ 1983년부터 2012년까지 30년간 우리나라 심혈관질환 사망률 변화를 파악한 연구에 의하면, 허혈성심질환으로 인한 조사망률은 10배가량 지속적으로 증가하였다. 연령표준화사망률도 1983년 대비 2002년에 약 5배까지 증가하였으나 그 이후 증가세가 둔화되었으며, 2000년대 중반 이후부터는 다행히 감소하기 시작하였다.

④ 전체 심장질환의 사망률은 1990년대 중반까지는 감소하였고, 수년간 변화가 없다가 2000년대 이후에는 다시 증가세로 바뀌었다.

⑤ 하지만 허혈성심질환으로 한정한 사망률은 2000년대 중반까지 지속적으로 증가하다 그 이후에는 증가속도가 둔화되어 최근에는 큰 변화가 없다.

⑥ 뇌혈관질환 연령표준화사망률은 전기간 동안 매우 빠르게 감소하였다.

(2) 심혈관질환 위험요인

① 고혈압

㉠ 고혈압은 뇌혈관질환, 허혈성심장질환, 심부전, 신장질환, 말초혈관질환 등의 가장 흔한 위험요인이다. 혈압이 증가할수록 심혈관질환의 위험은 더욱 높게 증가한다.

㉡ 우리나라의 KMIC Study에서는 고혈압의 뇌혈관질환과 허혈성심질환 발생에 기여하는 인구집단기여위험도를 각각 35%와 21%로 추정하였으며, 혈압이 높아질수록 허혈성심질환 및 뇌혈관질환의 위험이 점진적으로 증가하는 것도 관찰하였다.

㉢ 국민건강영양조사에 따르면 2015년 기준 30세 이상 성인인구의 고혈압 유병률은 32%이며 여자(29.1%)보다 남자(35.1%)에서 더 높고, 연령이 높을수록 높아져 70세 이상에서는 67.5%가 고혈압에 해당한다. 고혈압의 연령 표준화 유병률은 크게 변하지 않았지만, 나이가 증가할수록 고혈압 유병률이 높기 때문에 인구 고령화에 따라서 고혈압 유병자의 수는 계속 늘어나고 있는 추세이다.

㉣ 고혈압과 정상혈압 사이에 해당하는 고혈압 전단계에 해당하는 사람들도 정상혈압인 사람에 비하여, 심혈관질환 발생 위험이 높기 때문에 적극적인 혈압 조절이 필요하며, 동시에 전체 인구의 혈압수준을 낮추는 노력이 필요하다.

② 흡연

　㉠ 흡연과 심혈관질환의 관련성은 많은 연구에서 입증되었으며, 우리나라에서 시행된 환자-대조군연구에서도 흡연과 허혈성심질환 발생과의 용량-반응 관계가 분명하게 나타났다.

　㉡ 흡연은 허혈성심질환뿐 아니라, 허혈성뇌졸중, 출혈성뇌졸중, 말초동맥질환 등 주요 심혈관질환의 공통적인 위험요인이다. 흡연율이 감소하고 있지만 여전히 다른 위험요인에 비하여 유병률이 높아서 인구집단 기여위험도가 매우 크며, 통제할 수 있는 위험요인이기 때문에 심혈관질환 예방에 있어 가장 중요한 위험요인이다.

　㉢ 우리나라 만 19세 이상 성인 남자의 흡연율은 1998년 66.3%에서 2016년 38.3%로 감소하였으나, 같은 기간 성인 여자의 흡연율은 6.5%에서 5.3%로 크게 변하지 않았다.

　㉣ OECD 국가의 평균 흡연율은 남자 23.2%, 여자 14.9% 수준이었으며, 특히 우리나라는 남자 흡연율이 그리스, 터키 등과 함께 가장 높은 국가에 해당한다.

　㉤ 남자 흡연율을 더욱 낮추고 여자 흡연율 증가를 막아야 하며, 남녀 모두 소득수준이 낮을수록 흡연율이 높은 경향을 보이기 때문에 저소득계층의 금연 대책이 필요하다.

③ 고콜레스테롤혈증과 지방섭취

　㉠ 고콜레스테롤혈증과 지방섭취 역시 주요한 허혈성심질환의 위험요인이다.

　㉡ 국민건강영양조사 결과에 따르면 고콜레스테롤혈증 유병률이 남자는 2005년 7.3%에서 2015년에는 20.0%로 매우 빠르게 증가하였으며, 여자도 같은 기간 8.4%에서 22.6%까지 증가하였다. 지방섭취량도 증가하여, 1일 지방섭취량은 2005년 45.2g에서 2015년에는 51.1g으로 증가하였다.

　㉢ 우리나라 사람들의 음식섭취 중에 지방이 차지하는 비중은 열량기준으로 20% 정도이며, 계속 증가하고 있다.

　㉣ 지방섭취의 안전수준을 결정하기 위하여서는 한국인 대상으로 허혈성심질환과 콜레스테롤 및 지방 섭취와의 관계에 대한 더 많은 역학연구가 필요하다.

▌집단검진▐ ···

(1) 집단검진의 목적
　　① 질병의 조기 진단
　　② 보건교육
　　③ 질병의 자연사와 발생기전의 규명
　　④ 질병의 역학적인 연구

(2) 집단검진의 조건(WHO, Wilson과 Jungner)
　　① 선별해 내려는 상태는 중요한 건강 문제이어야 함
　　② 질병의 자연사가 잘 알려져 있어야 함
　　③ 질병을 조기에 발견할 초기 단계가 있어야 함
　　④ 증상이 발생하기 전에 치료하는 것이 후기에 치료하는 것보다 효과적이어야 함
　　⑤ 적절한 검사 방법이 있어야 함
　　⑥ 검사 방법은 수용 가능해야 함
　　⑦ 검사 반복 기간이 결정되어 있어야 함
　　⑧ 선별 검사로 인한 부가적인 의료 부담을 위한 적절한 의료서비스가 준비되어 있어야 함
　　⑨ 신체적, 정신적 위험이 이득보다 작아야 함
　　⑩ 비용의 부담이 이득대비 적절해야 함

(3) 집단검진 효과 평가 바이어스
　　① 조기발견 바이어스(lead time bias): 실제 검진이 효과적이지 않을 경우, 질병의 자연사면
　　　에서 보면 사망하는 시점은 똑같은데 조기발견기간 만큼 검진을 받은 사람들의 생존율이
　　　길어진 것처럼 보이는 바이어스
　　② 기간차이 바이어스(length bias): 집단검진에서 질병의 진행 속도가 느린 질병이 더 많이
　　　발견됨으로 인하여, 집단검진으로 발견된 환자의 예후가 더 좋은 것처럼 나타나는 경우
　　　를 의미
　　③ 선택 바이어스(self-selection bias): 집단검진 프로그램에 자발적으로 참여하는 사람들은
　　　그렇지 아니한 사람들과 다른 집단일 수 있으며, 생존에 영향을 미치는 여러 가지 요인이
　　　다를 수 있는 것을 말함
　　④ 과다진단 바이어스(overdiagnosis bias): 정상인데 위양성으로 판단되어 질병이 있는 군으
　　　로 잘못 분류되는 경우 집단검진이 더 유효한 것으로 결과를 오도할 수 있음

1. 역학적 변천(epidemiologc transition)

인구구조와 사회경제적 수준, 환경위생 수준, 생활습관, 의료제도 등 여러 환경의 변화에 따라 그 집단의 질병과 사망 양상은 크게 변화되는데 이를 역학적 변천이라 한다.

(1) 1단계: 역질(질병)과 기근 시대(Age of pestilence and famine)

　① 감염병과 기근에 시달리는 단계

　② 주요 산업은 농업과 수공업으로, 식량부족과 열악한 환경위생이 중요한 보건문제

　③ 결핵, 소화기계 감염병 등 여러 감염병이 주요 질병이었고, 출생률과 사망률 모두 높았음

(2) 2단계: 범유행의 감축 시대(Age of receding pandemics)

　① 환경위생 수준이 향상되어 감염병이 감소하는 단계

　② 결핵과 기생충질환 등은 계속 중요한 감염병

　③ 산업화 시작으로 제조업 중심으로 변화 → 산업재해 및 직업병이 중요 보건문제로 대두

　④ 사망률은 낮아졌지만, 출생률은 여전히 높아 인구는 급격히 증가

(3) 3단계: 퇴행성 인조질환 시대, 만성퇴행성질환 시대(Age of degenerative and man-made)

　① 경제발전과 함께 영양 결핍보다 과잉이 오히려 건강문제로 부각

　② 만성퇴행성 질환(암, 심장병, 뇌혈관질환, 당뇨병, 고혈압 등)이 주요 건강문제

　③ 산업재해와 직업병뿐 아니라 환경오염도 중요한 문제로 대두됨

　④ 사망률은 더욱 낮아졌고, 출생률도 낮아짐

(4) 4단계: 지연된 퇴행성질환의 시대(Age of delayed degenerative diseases)

　① 보건과 의료의 발전으로 고령층에서도 만성 퇴행성질환에 의한 사망률이 감소하여 평균수명이 80세 내외가 되는 시기

　② 새로운 형태의 개인 생활습관 요인들이 사망에 영향(성적 취향, 사고, 타살, 과음, 흡연 등)

　③ 암, 심장병, 뇌혈관질환, 당뇨병, 고혈압, 간질환 등의 만성퇴행성 질환 호발

　④ 대부분의 감염병은 감소되었지만 후천성면역결핍증과 같은 일부 감염병은 증가

(5) 5단계: 새로 출현하는 감염병의 시대(Age of emerging infectious disease)

　① 새로이 출현하는 감염병과 재출현 감염병에 대한 대비와 대응이 강조됨

　② 1970년대 이후 페스트, 디프테리아, 콜레라, 말라리아 등의 재출현 감염병이 다시 증가

　③ 변형크로이츠펠트-야콥병, 중증급성호흡기증후군, 조류인플루엔자, A형인플루엔자(H1N1), 중동호흡기증후군, 에볼라바이러스병, 지카바이러스병, 코로나바이러스감염증-19 등 새로운 감염병이 출현하여 대유행

※ 새로운 감염병이 대유행하면서 '만성퇴행성질환 시대'에 진입한 국가에서 '새로 출현하는 감염병 시대'와 함께 공존하는 시기를 '하이브리드 시대(hybristic stage)'라고 부른다.

---

10) 대한예방의학회, 예방의학과 공중보건학(제4판), 계축문화사, 2021, p.113~114.

2. 우리나라의 역학적 변천단계

(1) 1940~1950년까지 '역질과 기근의 시대'가 지속하다가 이후 '범유행 감축의 시대'를 거침

(2) 1970년대에 '퇴행성 인조 질환 시대'로 들어섬(3단계)

(3) 1990년대 중반부터 '지연된 퇴행성 질환 시대'에 진입(4단계)

(4) 현재 '새로 출현하는 감염병 시대'가 공존하는 '하이브리드 시대'에 있다고 할 수 있다.

(5) 서구사회의 국가들은 범유행의 감축 시대가 지나가는데 100~200여 년이 소요되어 '고전형 국가'에 해당하는데 한국은 이 경과 기간이 30~40년으로 변천이 빠르게 진행된 '가속형 국가'에 속한다.

제 3 장 기생충질환

기생충의 분류 ....

원충류	① 근족충류: 이질아메바, 대장아메바, 소형아메바 ② 편모충류: 람불편모충, 메닐편모충, 질트리코모나스, 리슈마니아 ③ 섬모충류: 대장섬모충 ④ 포자충류: 말라리아원충, 톡소플라스마곤디
윤충류	① 선충류: 회충, 요충, 구충(십이지장충), 편충, 동양모양선충, 말레이사상충, 로아사상충, 아니사키스 등 ② 조충류: 무구조충, 유구조충, 왜소조충, 광절열두조충 등 ③ 흡충류: 간흡충, 폐흡충, 요코가와흡충, 주혈흡충 등

기생충의 감염경로 ....

감염 경로	기생충 종류	제1중간숙주	제2중간숙주
채소류를 통한 감염	회충, 십이지장충(구충), 동양모양선충, 요충, 편충			
육류를 통한 감염	무구조충(민촌충)	소	
	유구조충 (갈고리촌충)	돼지	
	선모충	돼지	
	톡소포자충	고양이, 쥐 등	돼지
어패류 및 게를 통한 감염	간흡충	왜우렁이	담수어(잉어, 붕어, 참붕어, 모래무지, 피라미 등)
	폐흡충	다슬기	민물 게, 가재
	광절열두조충	물벼룩	담수어(연어, 송어, 농어 등)
	요코가와흡충	다슬기	담수어(은어, 황어, 숭어 등)
	유극악구충	물벼룩	담수어(가물치, 메기, 뱀장어 등)
	아니사키스	갑각류	바다생선(오징어, 대구, 청어, 고등어, 조기, 명태, 꽁치 등)

제 1 장 환경위생

┃환경위생┃ ....

환경 보건 정책	(1) 환경보건종합계획 　① 「환경보건법」에 따라 10년마다 수립하는 법정 종합계획으로 환경부장관 　　이 관계 중앙행정기관의 장과의 협의 및 환경보건위원회의 심의를 거쳐 　　수립 　② '국가환경 종합계획'과 '국민건강증진 종합계획'의 연결고리 (2) 기본원칙 　① 사람 · 생태계 중심의 통합 환경 관리 　② 사전주의 원칙의 적용 및 강화 　③ 환경보건 정의의 실현 　④ 이해관계자 참여 및 알 권리 보장
건강 위해성 평가	(1) 개념: 어떤 독성 물질이나 위험 상황에 노출되어 나타날 수 있는 개인 혹은 인구 집단의 건강 피해 확률을 추정하는 과학적인 과정 (2) 위해성 평가 방법 　① 유해성 확인(위험성 확인, Hazard Identification): 동물 실험 자료 및 사람에 　　대한 자료를 토대로 그 물질의 위험성 여부를 확인하는 정성적 평가 　② 용량−반응 평가(Dose−Response Assessment): 오염물질의 노출 또는 체 　　내 용량과 특정 인체 반응과의 상관관계를 정량화하는 과정 　③ 노출 평가(Exposure Assessment): 사람이 다양한 매체와 다양한 경로(흡입, 　　경구 섭취, 피부 접촉 등)를 통해 위험성이 확인된 유해물질에 얼마나 노출 　　되는가를 결정하는 단계 　④ 위해도 결정(Risk Characterization): 특정 노출수준에서의 초과위해도를 정 　　량적으로 평가

기후	(1) 기후의 3대 요소: 기온, 기습, 기류 (2) 기후순화 　① 대상성 순응: 새로운 환경 조건에 세포 또는 기관이 그 기능을 적용하는 것 　② 자극적 순응: 환경자극에 의해 저하되었던 기능이 정상적으로 회복되는 것 　③ 수동적 순응: 약한 개체가 자신에 대한 최적의 기능을 찾는 것
4대 온열 요소	**기온** ① $℃ = 5 / 9(℉ - 32)$ ② 측정: 옥외-1.5m에서 건구온도 측정 / 실내-45cm에서 측정 ③ 일교차: 하루 중 최저기온인 일출 30분 전과 최고기온인 오후 2시경 온도의 차이(내륙 > 해안 > 산림 지대) ④ 연교차: 1년 동안의 최고기온과 최저기온의 차이(한대 > 온대 > 열대) ⑤ 적정 실내 온도: 거실 18 ± 2℃, 침실 15 ± 1℃, 병실 21 ± 2℃
	기습 ① 기습은 낮에는 태양의 복사열을 흡수하고 지표면의 과열을 막으며 밤에는 지열복사를 차단하여 기후를 완화시키는 작용을 함 ② 포화습도: 일정 공기가 함유할 수 있는 수증기량 ③ 절대습도: 현재 공기 1m³ 중에 함유된 수증기량 ④ 상대습도: 포화습도와 절대습도의 비를 %로 표시한 것 　　　= 절대습도 / 포화습도×100 ⑤ 기온에 따른 습도의 변화: 기온↑ → 포화습도↑, 상대습도↓, 절대습도 일정 ⑥ 쾌적기습: 40~70%(15℃-70~80%, 18~20℃-60~70%, 24℃ 이상-40~60%) ⑦ 측정도구: 아스만 통풍 온습계, 아우구스 건습계, 모발 습도계 등
	기류 ① 기압과 기온의 차에 의해서 형성되는 공기의 흐름 ② 기류는 신체의 신진대사와 방열 작용을 촉진시키고 가옥 내 자연환기의 원동력이 되며, 대기의 확산과 희석에 영향을 미쳐 기후 변화의 원동력이 됨 ③ 기류의 강도: 풍속(m/sec) 　㉠ 무풍: 0.1m/sec 이하 　㉡ 불감기류: 0.5m/sec 이하 　㉢ 쾌적기류: 실내 0.2~0.3m/sec, 실외 1.0m/sec ④ 측정도구: 실내-카타 온도계 실외-풍차 속도계, 아네모미터, 피토 튜브
	복사열 ① 난로 등 발열체가 주위에 있을 때 느낄 수 있는 온감 ② 측정: 흑구 온도계

┃온열지수┃ ....

쾌감대	① 기온, 기습, 기류의 종합적인 작용 ② 적당한 착의상태에서 쾌감을 느낄 수 있는 조건: 불감기류(0.5m/sec), 기온 17~18℃, 습도 60~65%일 때
감각 온도	① 기온, 기습, 기류의 요소를 종합한 체감온도(실효온도) ② 피복, 계절, 성별, 연령 및 기타 조건에 따라 변함 ③ 쾌감 감각온도: 여름철 64~79℉(18~26℃), 겨울철 60~74℉(15.6~23.3℃) ④ 최적 감각온도: 여름철 71℉(21.7℃), 겨울철 66℉(18.9℃)

**불쾌
지수
(DI)**
	① 날씨에 따라 인간이 느끼는 불쾌감 정도를 기온과 습도를 조합하여 나타낸 수치
	② $DI = (건구온도℃ + 습구온도℃) \times 0.72 + 40.6$
	$\qquad = (건구온도℉ + 습구온도℉) \times 0.4 + 15$
	③ 불쾌지수와 불쾌감의 관계(동양인과 서양인이 다름)
	  • $DI \geq 70$: 약 10%의 사람들이 불쾌감을 느끼는 상태
	  • $DI \geq 75$: 약 50%의 사람들이 불쾌감을 느끼는 상태
	  • $DI \geq 80$: 대부분의 사람이 불쾌감을 느끼는 상태
	  • $DI \geq 85$: 대부분의 사람이 참을 수 없는 상태

카타 냉각력	① 기온, 기습, 기류의 3인자가 종합하여 인체의 열을 뺏는 힘을 그 공기의 냉각력 ② 카타 온도계는 불감기류와 같은 미풍을 정확히 측정할 수 있기 때문에 기류 측정의 미풍계로 사용됨
WBGT	습구흑구온도지수 ① 태양복사열의 영향을 받는 옥외 환경을 평가하는 데 사용하도록 고안된 것으로 감각온도 대신 사용하며 고열작업장을 평가하는 지표로도 이용함 ② 감각온도와 달리 기류를 고려하지 않고 측정요소는 습구온도, 흑구온도, 건구온도임

▌체온조절▐ ....

체온 조절	① 체열 생산량: 골격근 > 간 > 신장 > 심장 > 호흡 > 기타 ② 체열 방산량: 피부복사전도 > 피부증발 > 폐포증발 > 호흡 > 분뇨
지적 온도	① 체온 조절에 있어서 가장 적절한 온도를 지적온도라 함 ② 주관적 지적온도(=쾌적감각온도): 감각적으로 가장 쾌적하게 느끼는 온도 ③ 생산적 지적온도(=최고생산온도): 생산 능률을 가장 많이 올릴 수 있는 온도 ④ 생리적 지적온도(=기능지적온도): 최소의 에너지 소모로 최대의 생리적 기능 　을 발휘할 수 있는 온도

▌태양광선▐ ....

자외선	가시광선	적외선
① 파장: 2,000~4,000 Å ② 주요 표적기관은 눈과 피부 ③ 생물학적 작용: 피부암, 홍반형성, 색소침착, 각막염, 결막염, 백내장, 전기성 안염(용접공각막염) 비타민 D 형성, 살균작용, 피부결핵치료, 관절염치료, 신진대사 촉진, 혈액생성 촉진, 혈압과 혈당 강하 작용 ④ Dorno선(건강선, 생명선): 2,800~3,200 Å ⑤ 광화학작용 　(3,500~4,000 Å)	① 파장: 4,000~7,000 Å ② 눈의 망막을 자극하여 명암과 색체를 구별하게 하는 파장 ③ 적당한 조도: 100~1,000Lux ④ 조명 과다: 시력장애, 시야협착, 망막변성, 수명(광선기피증), 두통 ⑤ 조명 부족: 안정피로, 안구진탕증	① 파장: 7,000~30,000 Å ② 열을 방출하는 파장 ③ 생물학적 작용: 국소혈관의 확장, 혈액 순환 촉진, 진통 작용, 적외선 백내장(초자공 백내장), 홍반, 화상, 두통, 현기증, 열경련, 일사병 등

공기의 자정 작용	① 공기 자체의 희석 작용: 바람에 의한 희석 ② 강우, 강설 등에 의한 분진이나 용해성 가스의 세정 작용 ③ 산소, 오존, 과산화수소 등에 의한 산화 작용 ④ 태양광선 중 자외선에 의한 살균 작용 ⑤ 식물의 탄소 동화 작용에 의한 CO_2와 O_2 교환 작용 ⑥ 중력에 의한 침강 작용	
공기와 건강	산소 (O_2)	① 대기 중 산소 일반적으로 21%임 ② 건강장애 ㉠ 14%: 호흡수 증가, 맥박 증가, 중노동 곤란 ㉡ 10%: 호흡 곤란 ㉢ 7% 이하: 정신 착란, 감각 둔화, 질식, ③ 산소 중독 ㉠ 대기 중 농도가 높거나 분압이 높은 산소를 장기간 호흡할 때 발생 ㉡ 폐부종, 충혈, 이통, 흉통 등이 있으며 심하면 사망함
	이산화 탄소 (CO_2)	① 무색, 무취, 비독성 가스이며 대기의 0.03% 정도 차지 ② 건강장애 ㉠ 3% 이상: 불쾌감, 호흡 촉진 ㉡ 7% 이상: 호흡 곤란 ㉢ 10% 이상: 의식 상실, 사망 ③ 실내 공기의 오염 지표. 서한량: 0.1%(1,000ppm)
	일산화 탄소 (CO)	① 석탄, 디젤, 휘발유 등의 불완전 연소 시 발생. 무색, 무미, 무취, 맹독성 가스 ② 중독기전: 헤모글로빈(Hb)과의 친화성이 산소에 비해 250~300배 강해서 CO-Hb형성, HbO_2 방해하여 산소결핍증을 일으킴 ③ 건강장애 ㉠ 10% 미만: 무증상 ㉡ 10~20%: 증상 나타나기 시작 ㉢ 50%: 구토증 ㉣ 60%: 혼수 ㉤ 70%: 사망 ④ 대기환경 기준: 1시간 25ppm, 8시간 9ppm 이하 ⑤ 실내공기 기준: 0.001%(10ppm) 이하
	질소 (N_2)	① 공기 중 78% ② 건강장애 ㉠ 3기압 이상: 자극 작용 ㉡ 4기압 이상: 마취 작용, 환각 ㉢ 10기압 이상: 의식 소실, 사망

|상수|

물의 자정 작용	① 물리적 작용: 희석 작용, 침전 작용(침강 작용), 확산 작용, 여과 작용 등 ② 화학적 작용: 산화 · 환원 작용, 응집 작용 ③ 생물학적 작용: 미생물에 의한 유기물질 분해 작용과 식균 작용 ④ 살균 작용: 자외선에 의한 살균
상수 과정	취수 → 도수 → 정수(침전 → 폭기 → 여과 → 소독) → 송수 → 배수 → 급수

여과법	구분	완속사여과법	급속사여과법
	침전법	보통침전법	약품침전법
	생물막 제거법	사면대치	역류세척
	여과 속도	3m(6~7m)/day	120m/day
	1회 사용일수	20~60일(1~2개월)	12~2일(1일)
	탁도, 색도가 높을 때	불리하다	좋다
	이끼류가 발생하기 쉬운 장소	불리하다	좋다
	수면이 동결되기 쉬운 장소	불리하다	좋다
	면적	광대한 면적 필요	좁은 면적도 가능
	건설비	많이 든다	적게 든다
	유지비	적게 든다	많이 든다
	세균 제거율	98~99%	95~98%

염소 소독법	(1) **염소 소독 시 수중 반응** 　① $Cl_2 + H_2O \rightarrow HCl + HOCl$(차아염소산), $HOCl \rightarrow H^- + OCl^-$ 　② **유리잔류염소**: $HOCl$과 OCl^- 　③ **결합잔류염소**: 유리잔류염소 + 암모니아성질소(NH_4) 　[NH_2Cl 모노클로라민, $NHCl_2$ 디클로라민, $NHCl_3$ 트리클로라민] (2) **살균력**: $HOCl > OCl^-$ > 클로라민 (3) **불연속점처리(Break Point Chlorination)** 　① 물에 염소주입량을 점차로 증가시키면 잔류염소량은 주입량에 비례하여 　　나타나게 됨 　② 암모니아와 같은 오염물이 함유된 물은 염소를 주입하였을 때, 어느 정도 　　까지는 결합잔류염소가 증가하지만 최대점에 달한 후에는 결합잔류염소가 　　감소하여 거의 0으로 내려갔다가 다시 증가하게 됨 　③ 결합형 잔류염소가 최저점이 되는 점을 파괴점(Break Point) 또는 불연속 　　점이라 함 　④ 불연속점까지의 주입 염소량을 물의 염소요구량이라 함 　⑤ 불연속점처리법은 불연속점 이상으로 염소량을 주입하여 잔류염소가 검출 　　되도록 염소를 주입하는 방법을 말함 (4) **염소주입량 = 염소요구량 + 염소잔류량** (5) **수질 기준** 　① 수도꼭지의 유리잔류염소가 0.1mg/L(결합형 잔류염소 0.4mg/L) 이상 　　되도록 규정 　② 병원미생물에 오염되었거나 오염될 우려가 있는 경우 유리잔류염소 　　0.4mg/L(결합형 잔류염소 1.8mg/L) 이상 되도록 규정

먹는물 수질 기준(「먹는물 수질 기준 및 검사 등에 관한 규칙」 제2조 관련) ....

먹는물 수질 기준	
1. 미생물에 관한 기준	가. 일반세균은 1mL 중 100CFU(Colony Forming Unit)를 넘지 아니할 것. 나. 총 대장균군은 100mL. 다. 대장균·분원성 대장균군은 100mL에서 검출되지 아니할 것. 라. 분원성 연쇄상구균·녹농균·살모넬라 및 쉬겔라는 250mL에서 검출되지 아니할 것(샘물·먹는샘물, 염지하수·먹는염지하수 및 먹는해양심층수의 경우에만 적용한다). 마. 아황산환원혐기성포자형성균은 50mL에서 검출되지 아니할 것(샘물·먹는샘물, 염지하수·먹는염지하수 및 먹는해양심층수의 경우에만 적용한다). 바. 여시니아균은 2L에서 검출되지 아니할 것(먹는물공동시설의 물의 경우에만 적용한다)
2. 건강상 유해영향 무기물질에 관한 기준	가. 납은 0.01mg/L를 넘지 아니할 것 나. 불소는 1.5mg/L를 넘지 아니할 것 다. 비소는 0.01mg/L를 넘지 아니할 것 라. 셀레늄은 0.01mg/L를 넘지 아니할 것 마. 수은은 0.001mg/L를 넘지 아니할 것 바. 시안은 0.01mg/L를 넘지 아니할 것 사. 크롬은 0.05mg/L를 넘지 아니할 것 아. 암모니아성 질소는 0.5mg/L를 넘지 아니할 것 자. 질산성 질소는 10mg/L를 넘지 아니할 것 차. 카드뮴은 0.005mg/L를 넘지 아니할 것 카. 붕소는 1.0mg/L를 넘지 아니할 것 타. 브롬산염은 0.01mg/L를 넘지 아니할 것 파. 스트론튬은 4mg/L를 넘지 아니할 것 하. 우라늄은 30μg/L를 넘지 않을 것
3. 건강상 유해영향 유기물질에 관한 기준	가. 페놀은 0.005mg/L를 넘지 아니할 것 나. 다이아지논은 0.02mg/L를 넘지 아니할 것 다. 파라티온은 0.06mg/L를 넘지 아니할 것 라. 페니트로티온은 0.04mg/L를 넘지 아니할 것 마. 카바릴은 0.07mg/L를 넘지 아니할 것 바. 1,1,1-트리클로로에탄은 0.1mg/L를 넘지 아니할 것 사. 테트라클로로에틸렌은 0.01mg/L를 넘지 아니할 것 아. 트리클로로에틸렌은 0.03mg/L를 넘지 아니할 것 자. 디클로로메탄은 0.02mg/L를 넘지 아니할 것 차. 벤젠은 0.01mg/L를 넘지 아니할 것

3. 건강상 유해영향 유기물질에 관한 기준	카. 톨루엔은 <u>0.7mg/L</u>를 넘지 아니할 것 타. 에틸벤젠은 0.3mg/L를 넘지 아니할 것 파. 크실렌은 0.5mg/L를 넘지 아니할 것 하. 1,1-디클로로에틸렌은 0.03mg/L를 넘지 아니할 것 거. 사염화탄소는 0.002mg/L를 넘지 아니할 것 너. 1,2-디브로모-3-클로로프로판은 0.003mg/L를 넘지 아니할 것 더. 1,4-다이옥산은 0.05mg/L를 넘지 아니할 것
4. 소독제 및 소독 부산물질에 관한 기준	가. 잔류염소(유리잔류염소를 말한다)는 <u>4.0mg/L</u>를 넘지 아니할 것 나. 총트리할로메탄은 <u>0.1mg/L</u>를 넘지 아니할 것 다. 클로로포름은 <u>0.08mg/L</u>를 넘지 아니할 것 라. 브로모디클로로메탄은 0.03mg/L를 넘지 아니할 것 마. 디브로모클로로메탄은 0.1mg/L를 넘지 아니할 것 바. 클로랄하이드레이트는 0.03mg/L를 넘지 아니할 것 사. 디브로모아세토니트릴은 0.1mg/L를 넘지 아니할 것 아. 디클로로아세토니트릴은 0.09mg/L를 넘지 아니할 것 자. 트리클로로아세토니트릴은 0.004mg/L를 넘지 아니할 것 차. 할로아세틱에시드는 0.1mg/L를 넘지 아니할 것 카. 포름알데히드는 0.5mg/L를 넘지 아니할 것
5. 심미적 영향 물질에 관한 기준	가. 경도(硬度)는 1,000mg/L를 넘지 아니할 것. 다만, 샘물 및 염지하수의 경우에는 적용하지 아니한다. 나. 과망간산칼륨 소비량은 <u>10mg/L</u>를 넘지 아니할 것 다. 냄새와 맛은 소독으로 인한 냄새와 맛 이외의 냄새와 맛이 있어서는 아니될 것 라. 동은 1mg/L를 넘지 아니할 것 마. 색도는 5도를 넘지 아니할 것 바. 세제(음이온 계면활성제)는 0.5mg/L를 넘지 아니할 것 사. 수소이온 농도는 <u>pH 5.8 이상 pH 8.5 이하</u>이어야 할 것 아. 아연은 3mg/L를 넘지 아니할 것 자. 염소이온은 250mg/L를 넘지 아니할 것 차. 증발잔류물은 수돗물의 경우에는 500mg/L, 먹는염지하수 및 먹는 해양심층수의 경우에는 미네랄 등 무해성분을 제외한 증발잔류물이 500mg/L를 넘지 아니할 것 카. 철은 0.3mg/L를 넘지 아니할 것. 다만, 샘물 및 염지하수의 경우에는 적용하지 아니한다. 타. 망간은 0.3mg/L(수돗물의 경우 0.05mg/L)를 넘지 아니할 것. 다만, 샘물 및 염지하수의 경우에는 적용하지 아니한다. 파. 탁도는 <u>1NTU</u>(Nephelometric Turbidity Unit)를 넘지 아니할 것 하. 황산이온은 200mg/L를 넘지 아니할 것 거. 알루미늄은 <u>0.2mg/L</u>를 넘지 아니할 것
6. 방사능에 관한 기준(염지하수의 경우에만 적용)	가. 세슘(Cs-137)은 4.0mBq/L를 넘지 아니할 것 나. 스트론튬(Sr-90)은 3.0mBq/L를 넘지 아니할 것 다. 삼중수소는 6.0Bq/L를 넘지 아니할 것

▌수질검사▐ ···

정수장 수질 검사	① 매일 1회 이상 검사: 「먹는물 수질 기준」 중에서 냄새, 맛, 색도, 탁도, 수소이 온농도, 잔류염소에 관한 검사(6개 항목) ② 매주 1회 이상 검사: 일반세균, 총 대장균군, 대장균 또는 분원성 대장균군, 암모니아성 질소, 질산성 질소, 과망간산칼륨 소비량 및 증발잔류물에 관한 검사(8개 항목) ③ 매월 1회 이상 검사: 「먹는물 수질 기준」 중 제1호부터 제3호까지 및 제5호에 관한 검사 ④ 수도꼭지에서의 검사: 매월 1회 이상 일반 세균, 총 대장균군, 대장균 또는 분원 성 대장균군, 잔류염소에 관한 검사(5개 항목)
질소 산화물	① 질산화과정: 단백질 → Amino Acid(아미노산) → NH_3-N(암모니아성 질소) → NO_2-N(아질산성 질소)→ NO_3-N(질산성 질소) ② 암모니아성 질소(NH_3-N): 최근 오염 추정 지표. 음용수에서 검출되어 분변오염 이 증명되면 오염 기간이 짧아 병원균이 생존해 있을 위험이 있다는 의미 ③ 질산성 질소(NO_3-N): 오염된 지 오래되었음을 추정하는 지표. 단백질이 질산 화 과정을 거친 후 생긴 최종 산물. 유아가 장기간 섭취 시 청색아(Blue Baby) 증상을 유발할 수 있음
대장균군	① 수질오염의 세균학적 지표로 대장균군이 많으면 분뇨를 포함한 하수가 유입 되었음을 추측할 수 있음 ② 수중에 대장균군이 많으면 병원성 미생물이 존재할 가능성이 있음 ③ 대장균지수: 대장균이 검출된 최소 검수량의 역수. 클수록 대장균이 많이 존재 ④ MPN(Most Probable Number, 최확수): 검수 100ml당 대장균 수

하수처리	(1) 예비처리: 스크린 침사법, 침전법 (2) 본처리 　① 혐기성처리 　　㉠ 혐기성 균에 의한 부패처리 → CH_4 발생 　　㉡ 부패조, 임호프탱크 　② 호기성처리 　　㉠ 호기성 균에 의한 산화 작용 → CO_2 발생 　　㉡ 활성오니법, 살수여상법, 산화지법, 회전원판법 (3) 오니처리: 사상건조법, 소화법 등 〈하수처리의 2대 방법: 활성오니법, 살수여상법〉 (1) 활성오니법 　① 가장 현대적인 처리방법으로 도시의 하수처리법으로 이용 　② 호기성균이 풍부한 활성오니를 하수량의 25% 넣어 충분히 산소를 공급 　　하여 하수 중의 유기물을 호기성 균의 산화 작용으로 산화시킴 　③ 살수여상법에 비하여 경제적이며, 처리면적이 적어도 가능하나, 고도 　　로 숙련된 기술을 필요로 하는 방법으로 근래 도시하수의 처리에 가장 　　많이 이용됨 (2) 살수여상법 　① 큰 돌을 겹쳐서 여과조로 하고 여기에 하수를 살포하면 돌에 증식되는 　　미생물과 더불어 생물막을 형성 　② 표면의 미생물은 호기적 활동을 하며, 막의 저부에서는 산소의 공급이 　　단절되므로 혐기성 미생물의 증식에 의한 혐기성 작용이 진행(통성 혐 　　기성 처리) 　③ 주로 산업폐수 처리나 분뇨의 소화처리 후 탈리액의 처리에 이용되는 　　방법 　④ 수량이 갑자기 바뀌어도 조치가 가능한 장점이 있으나, 여름철에 위생 　　해충의 발생 및 악취가 심하며 높은 수압이 필요

│하천 및 호소 수질기준(「환경정책기본법 시행령」 제2조 기준 별표)│ ·····················

	항목	기준값(mg/L)
하천 & 호소 사람의 건강보호 기준	카드뮴(Cd)	0.005 이하
	비소(As)	0.05 이하
	시안(CN)	검출되어서는 안 됨 (검출한계 0.01)
	수은(Hg)	검출되어서는 안 됨 (검출한계 0.001)
	유기인	검출되어서는 안 됨 (검출한계 0.0005)
	폴리클로리네이티드비페닐 (PCB)	검출되어서는 안 됨 (검출한계 0.0005)
	납(Pb)	0.05 이하
	6가 크롬(Cr^{6+})	0.05 이하
	음이온 계면활성제(ABS)	0.5 이하
	사염화탄소	0.004 이하
	1,2-디클로로에탄	0.03 이하
	테트라클로로에틸렌(PCE)	0.04 이하
	디클로로메탄	0.02 이하
	벤젠	0.01 이하
	클로로포름	0.08 이하
	디에틸헥실프탈레이트(DEHP)	0.008 이하
	안티몬	0.02 이하
	1,4-다이옥세인	0.05 이하
	포름알데히드	0.5 이하
	헥사클로로벤젠	0.00004 이하

	등급	수소이온농도 (pH)	생물화학적산소요구량 (BOD) (mg/L)	총유기탄소량 (TOC) (mg/L)	부유물질량 (SS) (mg/L)	용존산소량 (DO) (mg/L)	총인 (T-P) (mg/L)	대장균군 (군수/100mL)	
								총대장균군	분원성대장균군
하천 생활환경 보호기준	매우 좋음 Ia	6.5~8.5	1 이하	2 이하	25 이하	7.5 이상	0.02 이하	50 이하	10 이하
	좋음 Ib	6.5~8.5	2 이하	3 이하	25 이하	5.0 이상	0.04 이하	500 이하	100 이하
	약간 좋음 II	6.5~8.5	3 이하	4 이하	25 이하	5.0 이상	0.1 이하	1,000 이하	200 이하
	보통 III	6.5~8.5	5 이하	5 이하	25 이하	5.0 이상	0.2 이하	5,000 이하	1,000 이하

	등급	수소이온농도 (pH)	총유기탄소량 (TOC) (mg/L)	부유물질량 (SS) (mg/L)	용존산소량 (DO) (mg/L)	총인 (T-P) (mg/L)	총질소 (T-N) (mg/L)	클로로필-a (Chl-a) (mg/m^3)	대장균군 (군수/100mL)	
									총대장균군	분원성대장균군
호소 생활환경 보호기준	매우 좋음 Ia	6.5~8.5	2 이하	1 이하	7.5 이상	0.01 이하	0.2 이하	5 이하	50 이하	10 이하
	좋음 Ib	6.5~8.5	3 이하	5 이하	5.0 이상	0.02 이하	0.3 이하	9 이하	500 이하	100 이하
	약간 좋음 II	6.5~8.5	4 이하	5 이하	5.0 이상	0.03 이하	0.4 이하	14 이하	1,000 이하	200 이하
	보통 III	6.5~8.5	5 이하	15 이하	5.0 이상	0.05 이하	0.6 이하	20 이하	5,000 이하	1,000 이하

┃폐기물┃ ∙∙

관리 정책	(1) 폐기물 관리 3R 정책: 감량화(Reduce), 재활용(Recycle), 자원화(Reuse, 재사용) (2) 폐기물 관리체계 　① 발생억제와 감량화: 쓰레기종량제, 폐기물부담금제도(PPR), 1회용품 사용 　　규제, 과대포장규제 　② 재사용: 공병보증금제도, 리필제품 생산권고, 알뜰시장 　③ 재활용: 분리수거, 폐기물예치금제도, 생산자책임재활용제도(EPR), 재활 　　용제품 의무구매제도, 재질분류표시제도, 재활용산업지원 　④ 소각: 소각시설 설치, 소각에너지 회수 　⑤ 매립: 매립시설확충, 매립가스 자원화, 비위생매립지 정비
소각법	감량비가 크고 잔사가 안정화되기 때문에 각종 가연성 쓰레기의 처리에 가장 널리 이용되고 있고 위생적이며, 소각에서 발생하는 열을 이용할 수도 있다.
매립법	(1) 매립법: 저지대에 쓰레기를 버린 후 복토를 하는 방법으로 최종 처리방법으로 　건설비가 적게 들지만 인구가 많은 곳에서는 이용이 곤란함 (2) 종류 　① 단순매립: 비위생적인 매립형태 　② 위생매립: 악취 발생과 침출수의 문제로 인한 피해를 방지하기 위한 방법으 　　로 일반폐기물 처분에 가장 효과적임. 도랑식, 경사식, 지역식 　③ 안전매립: 유해폐기물의 최종처분방법으로 환경오염을 최소화하기 위하여 　　유해폐기물을 자연계와 완전히 차단하는 방법

■주택 및 의복■ ....

주택	(1) 환기 　① 자연환기: 창문은 바닥 면적의 1/20 이상이어야 환기가 잘된다.(중력환기, 　　풍력환기) 　② 인공환기: 공기조정법, 배기식 환기법, 송기식 환기법, 평형식 환기법 (2) 채광 　① 자연조명 　　㉠ 방바닥 면적의 1/7~1/5가 적당 　　㉡ 세로로 긴 창이 가로로 긴 창보다 좋음 　　㉢ 개각 4~5, 입사각 28° 이상이 좋음 　② 인공조명 　　㉠ 낮－200~1,000Lux, 야간－20~200Lux 　　㉡ 사무실, 학교 교실등의 표준조도: 300~600Lux (3) 온도습도 　① 실내 최적온도: 18 ± 2℃ 　② 적정습도: 40~70%
의복 위생	(1) 방한력: 열 차단 단위로 기온 21℃, 기습 50%, 기류 10cm/sec에서 신진대사 율이 50kcal/㎡/hr로 피부 온도가 92℉(33℃)로 유지될 때의 의복의 방한력 을 CLO로 하고 있음 (2) 방한력이 가장 좋은 것: 4.0CLO 　① 보통 작업복: 1CLO(9℃ 해당)　　② 방한장갑: 2CLO 　③ 방한화: 2.5CLO　　　　　　　　 ④ 방한복: 4CLO

■소독■ ....

정의	① 소독: 병원성 미생물의 생활력을 파괴 또는 멸살시켜 감염 및 증식력을 없애는 것 ② 멸균: 강한 살균력을 작용시켜, 모든 미생물의 영양형은 물론 포자까지도 멸살 　또는 파괴시키는 조작 ③ 살균: 미생물에 물리적·화학적 자극을 가하여 이를 단시간 내에 멸살시키는 　작용 ④ 방부: 병원성 미생물의 발육과 그 활동성을 저지 또는 소멸시켜 식품 등의 부 　패나 발효를 방지하는 조작

소독의 종류	물리적 소독법	가열멸균법	건열멸균법: 화염멸균법, 건열멸균법
			습열멸균법: 자비소독법, 고압증기멸균법, 유통증 기멸균법, 저온소독법
		무가열멸균법: 자외선멸균법, 초음파멸균법, 방사선멸균법	
	화학적 소독법	석탄산, 크레졸, 과산화수소, 승홍, 생석회, 알코올, 머큐로크롬, 역성비누 등	

소독약 살균 기전	① 산화 작용: 염소(Cl_2)와 그 유도체, H_2O_2, O_2, $KMnO_4$ ② 균단백응고 작용: 석탄산, 알코올, 크레졸, 포르말린, 승홍 ③ 균체의 효소 불활화 작용: 알코올, 석탄산, 중금속염, 역성비누 ④ 가수분해 작용: 강산, 강알칼리, 열탕수 ⑤ 탈수 작용: 식염, 설탕, 포르말린, 알코올 ⑥ 중금속염의 형성 작용: 승홍, 머큐로크롬, 질산은 ⑦ 균체막의 삼투압 변화 작용: 염화물, 석탄산, 중금속염
석탄산 계수	① 소독약의 살균력 측정. 석탄산 계수가 높을수록 살균력이 좋음 ② 석탄산 계수＝소독약의 희석 배수 / 석탄산 희석 배수 ③ 시험균주: 장티푸스균, 포도상구균

소독약	소독약	수용액 농도	소독대상
소독약	석탄산 (phenol)	3%	• 피부점막에 자극성 강함 • 오염의류, 용기, 오물, 시험대, 배설물, 토사물
	크레졸 (cresol)	3%	• 피부에 자극성 없음 • 손, 오물, 객담 등
	과산화수소 (H_2O_2)	3%	• 자극성 적음 • 구내염, 인두염, 입안 세척, 화농성 상처
	승홍	0.1%	• 맹독성, 살균력 매우 강함 • 손소독
	생석회 (CaO)	석회유: 분말2＋물8	• 습기 있는 분변, 하수, 오수, 오물, 토사물 • 건조한 소독대상물에는 석회유 사용
	알코올	70~75%	에틸알코올－피부소독, 의료용 기구소독
	머큐로크롬	2%	• 자극성 없으나 살균력 약함 • 점막, 피부상처
	역성비누	0.01~0.1%	• 자극성, 독성 없으며 침투력, 살균력 강함 • 환자, 환자접촉자, 식품종사자의 손소독, 식품소독, 조리기구, 식기류
	약용비누		• 비누에 살균제 첨가하여 만든 것 • 손, 피부 소독

주요 국제 협약

협약	년도	주요내용
람사협약	1971	• 국제습지조약
스톡홀름회의	1972	• 인간환경선언 선포 • 단 하나뿐인 지구 보전하자는 공동 인식(The Only One Earth)
런던협약	1972	• 해양오염 방지 협약
비엔나협약	1985	• 오존층 보호를 위한 협약
몬트리올 의정서	1987	• 오존층 파괴물질의 규제 협약 • 염화불화탄소(CFC), 할론, 브로마이드 등
바젤협약	1989	• 유해폐기물의 국가 간 이동 및 처분 규제에 관한 협약
리우회의	1992	• 지구 정상 회의, 환경 및 개발에 관한 국제 연합 회의 • 리우 선언, 의제 21(Agenda 21) 채택 • 지구온난화 방지 협약, 생물다양성 보존 협약
교토의정서 (COP3)	1997	• 유엔 기후변화협약의 구체적 이행 방안에 대한 국제 협약 • 선진국의 온실가스 배출량 강제적 감축 의무 규정 • **감축 대상 가스**: 이산화탄소(CO_2), 메탄(CH_4), 아산화질소(N_2O), 과불화탄소(PFC), 수소불화탄소(HFC), 육불화황(SF_6) • 교토메커니즘: 공동이행제도, 청정개발사업, 배출권거래제도
스톡홀름 협약	2001	• POPs(잔류성 유기오염물질) 규제 협약
파리협정 (COP21)	2015	• 신기후체제 • 지구평균기온 상승폭을 산업화 이전 대비 2℃ 이하로 유지하고, 더 나아가 온도 상승폭을 1.5℃ 이하로 제한하기 위해 함께 노력하기 위한 국제적인 약속 • 모든 국가가 자발적 온실가스 감축목표(NDC)를 5년 단위로 제출하고 이행

┃내분비계 교란물질┃ ···

(1) 환경 중의 화학물질이 사람이나 생물체의 몸속에 들어가서 성장, 생식 등에 관여하는 내분비계의 정상적인 작용을 방해하여 정자 수의 감소, 암수 변환, 암 등을 유발할 수 있다고 지적되는 화학물질

(2) 대표적 물질

① 비스페놀 A: 플라스틱 용기, 음료캔, 병마개, 수도관의 내장코팅제, 치과 치료시 사용되는 코팅제

② 프탈레이트: 플라스틱 용기, 접착제, 전기용품, 어린이 장난감, 의약품, 페인트, 아교, 프린트 잉크, 코팅제, 건축용품

③ 알킬페놀: 합성세제원료

④ 스티렌 다이머, 트리머: 컵라면 용기

⑤ 파라벤: 화장품, 식품첨가물

⑥ 과불화화합물: 코팅프라이팬, 포장지

⑦ DDT, PCB: 과거 농약이나 변압기 절연유로 사용되었으나 현재는 사용 금지됨

⑧ 다이옥신류: 소각장에서 주로 발생

⑨ 수은: 폐건전지

┃대기오염물질┃ ··

입자상 물질	① 분진(Dust): 일반적으로 미세한 독립 상태의 액체 또는 고체상의 알맹이, $10\mu m$ 이상의 크기를 가지며 비교적 무거워서 침강하기 쉬운 것을 강하분진, 입자가 $10\mu m$ 이하의 크기로 가벼워서 가라앉지 않고 장시간 공기 중에 부유하는 것을 부유분진이라 함 ② 매연(Smoke) 및 검댕(Soot): 연료가 연소할 때 완전히 타지 않고 남는 고체물질로 매연은 $1\mu m$ 이하 크기의 탄소입자, 검댕은 $1\mu m$ 이상의 크기를 갖고 있는 유리탄소 및 타르 물질이 응결된 것 ③ 연무(Mist): 가스나 증기의 응축에 의하여 생성된 대략 $2{\sim}200\mu m$ 크기의 입자상 물질로 매연이나 가스상 물질보다 입자의 크기가 큼 ④ 흄(Fume): 보통 광물질의 용해나 산화 등의 화학 반응에서 증발한 가스가 대기 중에서 응축하여 생기는 $0.001{\sim}1\mu m$의 고체입자(납, 산화아연, 산화우라늄 등에서 생성)
황산화물 SO_x	① 석탄이나 석유 연소 시 산화되어 발생하는 황산화물질로 아황산가스(SO_2), 삼산화황(SO_3), 황산(H_2SO_4) 등이 있다. ② 아황산가스(SO_2) • 대기오염지표, 황산제조공장, 석탄 연소 시 많이 배출되며, 감소 추세 • 무색, 자극성이 강한 냄새가 남 • 액화성이 강한 가스, 금속 부식력이 강함

황산화물 SOx	• 건강 장애: 호흡기 장애(상기도 자극), 눈·코·목의 점막 자극(급성 결막염) • 환원성 표백제, 산성비의 원인 • 농작물에 가장 피해를 주는 물질

질소
산화물
NOx
	① 석탄이나 석유 등 연료의 고온 연소 과정에서 생성되는데, 대도시에서는 자동
	차 배기가스가 주요 배출원
	② 특성
	  ㉠ 수용성이 낮아 상기도보다 하기도에 자극증상을 일으킴
	  ㉡ 심한 중독 시에 폐울혈, 폐부종을 일으킬 수 있음
	  ㉢ 호흡기의 방어기전을 약화시켜 호흡기 감염을 증가시킴
	③ 발생원
	  ㉠ 질산이 유기물과 접촉하는 곳: 질산, 황산, 폭약, 비료, 염료 및 다른 질소화
	    합물의 제조 시, 그리고 부식, 금속세척, 전기도금, 석판인쇄 등의 작업 시
	  ㉡ 가스와 전기 아크용접 시에는 오존과 함께 산화물 생성
	  ㉢ 자동차 배기가스와 대기오염물질
	  ㉣ 유기물 분해 시: 마초 저장고 농부병(Silo-Filler's Disease)을 일으킴
	④ 일산화질소(NO): 무색, 무취, 헤모글로빈(Hb; Hemoglobin)과 결합력이 강함
	⑤ 이산화질소(NO_2): 적갈색, 자극성, 호흡기 감염 증가, 기도에 손상을 입혀 호흡
	기 증상을 유발하며 폐기능을 감소시킴
	⑥ 아산화질소(N_2O): 오존층 파괴와 온난화 유발

미세 먼지	① 건강 피해: 호흡기 및 심혈관 질환으로 인한 입원, 사망 위험 증가 ② 분진의 건강에 미치는 영향은 크기에 따라 좌우되는데, 작은 입자들이 건강에 더 해로움 ③ 2.5㎍ 이하의 미세분진(PM-2.5)에는 황산염, 질산염, 중금속 등의 성분이 상대적으로 높고 폐 깊숙이 침투하여 특히 해로운 것으로 알려져 있음 ④ 미세먼지 경보단계

대상물질	단계	발령기준	해제기준
미세먼지 (PM-10)	주의보	시간당 평균농도가 150㎍/㎥ 이상 2시간 이상 지속인 때	시간당 평균농도가 100㎍/㎥ 미만인 때
	경보	시간당 평균농도가 300㎍/㎥ 이상 2시간 이상 지속인 때	시간당 평균농도가 150㎍/㎥ 미만인 때는 주의보로 전환
미세먼지 (PM-2.5)	주의보	시간당 평균농도가 75㎍/㎥ 이상 2시간 이상 지속인 때	시간당 평균농도가 35㎍/㎥ 미만인 때
	경보	시간당 평균농도가 150㎍/㎥ 이상 2시간 이상 지속인 때	시간당 평균농도가 75㎍/㎥ 미만인 때는 주의보로 전환

※ 경보 단계별 조치
• 주의보 발령: 주민의 실외활동 및 자동차 사용의 자제 요청 등
• 경보 발령: 주민의 실외활동 제한 요청, 자동차 사용 제한 및 사업장의 연료사용량 감축 권고

오존 (O₃)	① 1차 오염물질이 자외선에 의한 촉매 반응으로 2차적으로 생긴 물질. 광화학적 산화물(2차 오염물질) ② 특징 　• 대기 중 농도는 낮에 더 높으며 반감기는 약 1시간 　• 산화력이 강하여 살균, 악취 제거에 사용되며 고무제품을 손상시킴 　• 보통 대기 중 오존농도는 0.1ppm 이하로 규정 ③ 독작용: 코·눈 자극, 호흡기 자극, 기침, 흉부 압박, 호흡 곤란, 천식 악화, 상기도 점막 건조, 비출혈, 폐의 부종과 섬유화 유발, 만성 폭로 시 두통, 피로, 쉰목소리, 상기도 건조 ④ 오존농도는 대략 일사량 및 기온에 비례하여 증가, 상대습도 및 풍속에 반비례하여 감소 | 구분	발령 기준	단계별 조치 | |---|---|---| | 주의보 | 0.12ppm 이상 | 주민의 실외 활동 및 자동차 사용의 자제 요청 등 | | 경보 | 0.3ppm 이상 | 주민의 실외 활동 제한 요청, 자동차 사용의 제한 및 사업장의 연료 사용량 감축 권고 등 | | 중대 경보 | 0.5ppm 이상 | 주민의 실외 활동 금지 요청, 자동차의 통행금지 및 사업장의 조업시간 단축 명령 등 |
2차 오염 물질	① PAN류: PAN, PPN 및 PBN 등이 있으며 무색의 자극성 액체로 눈과 목을 자극한다. ② 알데히드(aldehyde): 강한 자극성이 있는 무색의 기체로 눈, 기도, 점막에 대한 강한 자극을 일으키는 가스이다. ③ 스모그(smog): 광화학 작용과 그에 계속되는 화학 반응으로 발생한 부유입자는 연기나 먼지 등의 작은 입자와 함께 스모그를 만든다.

미세먼지 저감 및 관리에 관한 법률

(1) 고농도 미세먼지 비상저감조치(법 제18조)

① 시·도지사는 환경부장관이 정하는 기간 동안 초미세먼지 예측 농도가 환경부령으로 정하는 기준에 해당하는 경우 미세먼지를 줄이기 위한 다음 각 호의 비상저감조치를 시행할 수 있다. 다만, 환경부장관은 2개 이상의 시·도에 광역적으로 비상저감조치가 필요한 경우에는 해당 시·도지사에게 비상저감조치 시행을 요청할 수 있고, 요청받은 시·도지사는 정당한 사유가 없으면 이에 따라야 한다.

　1. 대통령령으로 정하는 영업용 등 자동차를 제외한 자동차의 운행 제한

　2. 「대기환경보전법」 제2조제11호에 따른 대기오염물질배출시설 중 환경부령으로 정하는 시설의 가동시간 변경, 가동률 조정 또는 같은 법 제2조제12호에 따른 대기오염방지시설의 효율 개선

　3. 비산먼지 발생사업 중 건설공사장의 공사시간 변경·조정

　4. 그 밖에 비상저감조치와 관련하여 대통령령으로 정하는 사항

② 시·도지사는 제1항에 따른 비상저감조치를 시행할 때 관련 기관의 장 또는 사업자에게 대통령령으로 정하는 바에 따라 휴업, 탄력적 근무제도 등을 권고할 수 있다.

③ 제1항에 따라 비상저감조치를 요구받은 자는 정당한 사유가 없으면 이에 따라야 한다.

④ 제1항에 따른 비상저감조치의 대상지역, 발령의 기준·기간·절차 등에 필요한 사항은 대통령령으로 정한다. 다만, 제1항제1호에 해당하는 자동차 운행 제한의 방법·대상지역·대상차량·발령시간·발령절차 등에 필요한 사항은 시·도의 조례로 정한다.

(2) 비상저감조치의 시행기준(법 시행규칙 제7조)

① 시·도지사는 법 제18조제1항 각 호 외의 부분 본문에서 "환경부령으로 정하는 기준에 해당하는 경우"란 다음 각 호의 어느 하나에 해당하는 경우를 말한다.

　1. 당일(비상저감조치 시행일의 전날을 말한다. 이하 같다) 초미세먼지 평균 농도가 1세제곱미터당 50마이크로그램을 초과하고, 다음 날(비상저감조치 시행일을 말한다. 이하 같다)의 초미세먼지 24시간 평균 농도가 1세제곱미터당 50마이크로그램을 초과할 것으로 예측되는 경우

　2. 당일에 「대기환경보전법 시행령」 제2조제3항제2호에 따른 초미세먼지 주의보 또는 경보가 발령되고, 다음 날의 초미세먼지 24시간 평균 농도가 1세제곱미터당 50마이크로그램을 초과할 것으로 예측되는 경우

　3. 다음 날의 초미세먼지 24시간 평균 농도가 1세제곱미터당 75마이크로그램을 초과할 것으로 예측되는 경우

② 제1항에 따른 비상저감조치 발령을 위한 초미세먼지 평균 농도 측정 시점 등에 관한 세부적인 사항은 환경부장관이 시·도지사와 협의하여 정한다.

DPSEEA모형(driving force - pressures - state - exposure - effects - action)

(1) 대기오염의 관리방안을 도출하는데 세계보건기구 유럽사무처에서 개발한 모형이다.

(2) DPSEEA모형은 환경오염의 가장 근본적인 동인(driving force)에서부터 최종적인 결과인 건강 영향에 이르기까지 단계를 설정하고 각 단계별로 적절한 조치를 취할 수 있음을 나타내는 모형이다.

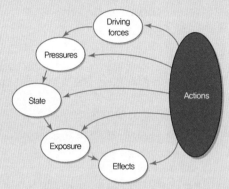

DPSEEA 모형

(3) DPSEEA모형을 대기오염에 적용해보면 대기오염을 유발하는 가장 근원적인 동인은 대도시의 인구 집중, 에너지 과소비, 자동차 등을 들 수 있다. 이런 동인은 이산화질소, 탄화수소, 미세먼지 등의 대기오염물질을 배출하는 압력(pressure)으로 작용하고, 배출된 물질은 대기 중에 축적되고 오존과 같은 이차오염물질을 생성하여 대기 상태(state)를 악화시킨다.

(4) 대기가 악화되었다고 해서 자동적으로 건강피해를 일으키는 것은 아니고 노출(exposure)이 전제되어야 한다. 즉 대기오염 상태가 안 좋은 곳에서 숨을 쉴 때 비로소 노출이 되고 이어서 기침, 가래, 심장질환 등 다양한 건강영향(effects)이 일어나게 된다.

(5) 대기오염에 대한 관리는 DPSEEA모형의 각 단계별로 시행할 수 있다. 가장 근본적으로는 인구 분산, 에너지 절약 등이 동인에 대한 조치이고 대중교통수단을 확충하고 자전거 이용을 확대하여 차량통행량을 줄이거나 자동차나 공장의 배출 기준을 강화하는 것은 배출 압력을 낮추는 방법이며 디젤버스에 필터를 부착하거나 연료를 천연가스로 바꾸는 것은 대기 상태를 개선시키는 방법이다.

(6) 한국 주요 도시에서 시행하고 있는 오존과 미세먼지의 예보 및 경보제는 대기오염 수준을 미리 알려서 노출을 줄이기 위한 시도라고 할 수 있다.

군집독	① 다수인이 밀폐된 공간에 있을 때 실내 공기의 물리·화학적 변화로 불쾌감, 두통, 권태, 현기증, 구토, 식욕 저하 등 발생. 예방 - 공기 환기 ② **영향요인**: 고온·고습·구취·채취 등의 냄새, CO 및 CO_2 등의 가스, 무기류, 먼지(분진) 등
새집 증후군	① 집이나 건물을 새로 지을 때 사용하는 건축자재나 벽지 등에서 나오는 유해물질로 인해 거주자들이 느끼는 건강상 문제 및 불쾌감. 두통, 눈·코·목의 자극, 기침, 가려움증, 현기증, 피로감, 집중력 저하. 오랜 기간 노출 시 호흡기 질환, 심장병, 암 등의 질병 유발 ② **원인**: 휘발성 유기화합물[벤젠, 톨루엔, 클로로포름, 아세톤, 스틸렌, 포름알데히드(HCHO)]
빌딩 증후군	① 빌딩으로 둘러싸인 밀폐된 공간에서 오염된 공기로 인해 발생하며 근로자 20~30%가 경험. 산소 부족 및 공기오염이 원인. 두통, 현기증, 집중력 감퇴, 기관지염, 천식, 피부 질환 ② **오염원**: 라돈, 포름알데히드, 석면, 담배연기, 곰팡이, 미생물 등
실내 공기질 관리	① **실내공기질 유지기준**: 미세먼지(PM-10), 미세먼지(PM-2.5), 이산화탄소(CO_2), 포름알데히드(HCHO), 총부유세균, 일산화탄소(CO) (아래 표 참조) 가. 지하역사, 지하도 상가, 철도역사의 대합실, 대규모점포, 학원, 전시시설 등 나. 의료기관, 산후조리원, 노인요양시설, 어린이집 다. 실내주차장 라. 실내 체육시설 등 ② **실내공기질 권고기준**: 이산화질소(NO_2), 라돈(Rn), 총휘발성유기화합물(TVOC), 곰팡이(CFU/㎥)

항목 시설	미세먼지 (PM-10) (µg/㎥)	미세먼지 (PM-2.5) (µg/㎥)	이산화탄소 (ppm)	폼알데하이드 (µg/㎥)	총부유세균 (CFU/㎥)	일산화탄소 (ppm)
가.	100 이하	50 이하	1,000 이하	100 이하	–	10 이하
나.	75 이하	35 이하		80 이하	800 이하	
다.	200 이하	–		100 이하	–	25 이하
라.	200 이하	–	–	–	–	–

기온 역전	① 대기오염이 가장 잘 발생하는 조건 ② 지표면이 상층보다 기온이 낮아서 지표면 공기의 상승이 억제되는 것 ③ 지표면뿐만 아니라 대기층의 도중에서 층상으로 일어나는 때도 있다. ④ 기온역전의 종류 　㉠ 복사성(방사성) 역전: 야간에 대지가 복사에 의해서 냉각되어 형성 　㉡ 침강성 역전: 고기압에 의해 야기되며 고기압 지역의 공기가 단열압축을 　　받아 가열되어 따뜻한 공기층을 형성하고, 이것이 뚜껑과 같은 작용을 하 　　여 형성 　㉢ 전선성 역전: 한랭전선이나 온난전선에 의해 발생 　㉣ 지형성 역전: 해풍과 육풍으로 인해 발생. 계곡이나 분지의 공기가 남거나 　　약한 열풍이 생겨 역전면 형성. 산허리가 냉각되어 접한 공기가 아랫방향 　　으로 흘러서 산기슭 평지에 고여 역전층 형성

런던 & LA 스모그		

항목	London형	LA형
발생 시의 온도	$-1 \sim 4\,^{\circ}\!C$	$24 \sim 32\,^{\circ}\!C$
발생 시의 습도	85% 이상	70% 이하
역전의 종류	복사성 역전	침강성 역전
풍속	무풍	5m 이하
스모그 최성시의 시계	100m 이하	$1.6 \sim 0.8$km 이하
발생하기 쉬운 달	12월, 1월	8~9월
주된 사용 연료	석탄과 석유계	석유계
주된 성분	SO_x, CO, 입자상 물질	O_3, NO_2, CO, 유기물
스모그 형태	농무형	연무형
반응의 형	열적	광화학적, 열적
화학적 반응	환원	산화
최다 발생 시간	이른 아침	낮
인체에 대한 영향	기침, 가래, 호흡기계 질환	눈의 자극

지구 온난화	① 석유, 석탄 연료 사용 및 숲 파괴로 인한 이산화탄소 증가가 원인이 되어 대기 중의 탄산가스가 지표로부터 복사하는 적외선을 흡수하여 열의 방출을 막을 뿐만 아니라, 흡수한 열을 다시 지상에 복사하여 지구 기온을 상승시킴 ② 온실 효과 기여물질: CO_2 > CFC, CH_4 > N_2O 등(O_3, 수증기 등도 온실 효과 에 기여) ③ 교토 의정서 규정 6대 온실가스: CO_2, CH_4, N_2O, HFCs, PFCs, SF_6

지구 온난화	④ 온실 효과 영향 　㉠ 지구 기후변화와 기상이변, 해면의 수위 상승과 저지대 수몰 　㉡ 생태계의 파괴와 변화 　㉢ 농업과 산림 피해(식물 수확량 감소) 　㉣ 말라리아 등 열대성 질환 증가
엘니뇨	① 동풍이 약해지고(적도 무역풍의 약화) 동태평양의 바닷물 온도가 올라가면서 바닷물의 방향을 역전시키는 현상 ② 해수면의 온도가 평년보다 0.5℃ 이상 높게 6개월 이상 지속 ③ 동태평양 지역인 페루 부근 호우 발생, 서태평양지역인 인도네시아 부근 가뭄 발생
라니냐	① 동풍인 무역풍이 강해지면서 적도 부근의 동태평양 해수 온도가 평소보다 낮아지는 현상 ② 해수면의 온도가 평년보다 0.5℃ 이상 낮아짐 ③ 인도네시아 등 동남아시아에는 극심한 장마가, 페루 등 중남미에는 가뭄이, 그리고 미국에서는 심한 경우 극지방 같은 추위가 도래

┃월경성 환경오염┃ ···

산성비	① 아황산가스(SO_2)와 질소산화물(NO_x)을 다량으로 포함하고 있는 침착물을 포괄하여 지칭하는 용어 ② 일반적으로 빗물의 pH가 5.6 미만일 때를 산성비라 한다. ③ 주요 원인물질: 황산, 질산, 염산(자연) ④ 영향 　㉠ 토양 및 수질을 산성화시켜 산림을 황폐화시킴 　㉡ 산성에 약한 수중 생물을 도태시켜 생태계를 교란함 　㉢ 약한 대리석, 금속 사용 건축물이나 유적들을 손상시킴
오존층 파괴	① 오존층 : 성층권(고도 25~30km)에 존재하는 오존층은 지상에 도달하는 자외선의 대부분과 유해한 우주선을 흡수하여 지구 생태계를 유지하는 데 중요한 역할을 한다. ② 오존층 파괴물질에 대한 생산 및 사용 규제: 몬트리올 의정서(CFC, 할론, 브로마이드) ③ 오존층파괴물질: 프레온가스(CFCs), CFC에 브롬이 추가된 Halon, CFC 제조 원료인 사염화탄소(CCL_4) ④ 영향 　㉠ 가장 심각한 건강상의 영향은 자외선 노출에 의한 피부암 　㉡ 피부노화ㆍ피부암ㆍ백내장 증가, 농작물이나 각종 생태계 파괴

▌대기환경기준▐ ·····························

(1) 대기환경기준

항목	기준
아황산가스 (SO_2)	• 연간 평균치 0.02ppm 이하 • 24시간 평균치 0.05ppm 이하 • 1시간 평균치 0.15ppm 이하
일산화탄소 (CO)	• 8시간 평균치 9ppm 이하 • 1시간 평균치 25ppm 이하
이산화질소 (NO_2)	• 연간 평균치 0.03ppm 이하 • 24시간 평균치 0.06ppm 이하 • 1시간 평균치 0.10ppm 이하
미세먼지 (PM−10)	• 연간 평균치 $50\mu g/m^3$ 이하 • 24시간 평균치 $100\mu g/m^3$ 이하
미세먼지 (PM−2.5)	• 연간 평균치 $15\mu g/m^3$ 이하 • 24시간 평균치 $35\mu g/m^3$ 이하
오존 (O_3)	• 8시간 평균치 0.06ppm 이하 • 1시간 평균치 0.1ppm 이하
납(Pb)	연간 평균치 $0.5\mu g/m^3$ 이하
벤젠	연간 평균치 $5\mu g/m^3$ 이하

(2) 링겔만 농도표(비탁표)

번호	0도	1도	2도	3도	4도
흰색배율	100%	80%	60%	40%	20%
매연농도	0%	20%	40%	60%	80%

※ 우리나라 대기허용기준은 2도(매연농도 40%) 이하로 규정하고 있다.

┃수질오염 ┃ ···

수질오염 측정지표	BOD	① 하수·폐수 내의 오염물질(유기물)이 호기성 상태에서 미생물에 의해 분해되어 안정화되는 데 소비하는 산소량 ② BOD가 높다는 것은 미생물에 의해 분해되기 쉬운 유기물질이 많다는 것을 의미 ③ **측정**: BOD 5 → 20℃에서 5일간 BOD를 mg/L(ppm)으로 표기한 것
	COD	① 물속의 피산화성 물질인 유기물질이 산화제에 의해 산화될 때 소비되는 산소량을 mg/L(ppm) 단위로 나타낸 것 ② 산화제: 과망간산칼륨($KMnO_4$), 중크롬산칼륨($K_2Cr_2O_7$) ③ 2시간 정도면 측정 가능, 독성물질이 있을 때도 측정 가능
	DO	① 하수 중에 용존된 산소량으로 오염도를 측정하는 방법 ② 용존산소의 부족: 오염도가 높음을 의미 ③ DO의 변화: 수온이 낮을수록↑, 기압이 높을수록↑, 염류농도 높을수록↓ ④ 5ppm 이하가 되면 어류가 생존할 수 없는 오염 상태가 됨
부영양화		(1) 정체수역에 합성세제, 비료 등에서 유래되는 질소(N), 인(P)과 같은 영양염류가 다량 유입 시 미생물로 인한 유기물 분해로 인하여 수중에 영양물질이 많아지는 현상 (2) **부영양화를 일으키는 인자** ① 정체수역에서 쉽게 발생 ② 주요 오염물질: 질산염(N), 인산염(P), 탄산염(C) 등 ③ 조류 번식에 필요한 물질 C:N:P 비 = 100:15:1 　(부영양화의 한계인자: P) (3) **현상**: 부유물질이 많아짐(수질의 색도 증가, 투명도 저하), 태양광선의 침투가 어려워짐, 수서생물의 종류 변화 (4) **방지 대책** ① 사전 • 질소, 인 등의 영양원 공급 차단 • 무린세제 사용 • 유입 하수의 고도처리 ② 사후: 황산동($CuSO_4$), 활성탄 등을 살포하여 제거

산업보건

제 1 장 산업보건

건강과 근로

근로 시간과 강도	(1) 근로시간: 1일 8시간, 1주 40시간 (2) 에너지대사율(RMR) = $\dfrac{\text{작업 시 소비에너지} - \text{같은 시간 안정 시 소비에너지}}{\text{기초대사량}}$ 경노동(0~1), 중등노동(1~2), 강노동(2~4), 중노동(4~7), 격노동(7~)	
건강 진단	일반 건강진단	• 모든 근로자를 대상으로 실시하는 정기건강진단 • 「국민건강보험법」에 의한 직장가입자의 경우 건강보험 재정으로 실시 • 실시주기: 사무직은 2년에 1회, 그 외는 1년에 1회
	특수 건강진단	• 특수건강진단기관에서 특수건강진단 대상 유해인자를 취급하는 업무에 종사하는 근로자에 대하여 직업병의 조기발견을 위해 실시하는 정기건강진단 • 실시주기: 화학물질 제조 및 취급자는 6개월에 1회, 기타 근로자는 1년에 1회
	배치전 건강진단	• 근로자의 신규채용 또는 작업부서 전환으로 특수건강진단 대상 업무에 종사할 근로자에 대하여 사업주가 실시하는 건강진단 • 특수건강진단기관에서 실시
	수시 건강진단	• 특수건강진단 대상 업무로 인하여 해당 유해인자에 의한 직업성 천식, 직업성 피부 질환 등을 의심하게 하는 증상을 보이거나 의학적 소견이 있는 근로자에 대하여 실시 • 특수건강진단기관에서 실시
	임시 건강진단	• 동일 부서에 근무하는 근로자 또는 동일한 유해인자에 노출되는 근로자에게 유사한 질병의 자각 및 타각 증상이 발생한 경우, 직업병 유소견자가 발생하거나 다수 발생할 우려가 있는 경우 유해인자에 의한 중독의 여부, 질병의 이환 여부 또는 질병의 발생 원인 등을 확인하기 위하여 실시 • 특수건강진단기관에서 실시

건강 진단	건강진단 판정	• A: 건강한 근로자 • C1: 직업병 요관찰자 • C2: 일반질병 요관찰자 • D1: 직업병 유소견자 • D2: 일반질병 유소견자 • R: 질환의심자(2차 건강진단 대상자)

「근로기준법」상 여성과 소년에 관한 규정(법 제64조~75조)

① 15세 미만인 자(중학교에 재학 중인 18세 미만인 자를 포함한다)는 근로자로 사용하지 못한다.
다만, 대통령령으로 정하는 기준에 따라 고용노동부장관이 발급한 취직인허증을 지닌 사람은
근로자로 사용할 수 있다.

② 사용자는 임신 중이거나 산후 1년이 지나지 아니한 여성(임산부)과 18세 미만자를 도덕상 또는
보건상 유해·위험한 사업에 사용하지 못한다.

③ 사용자는 임산부가 아닌 18세 이상의 여성을 제1항에 따른 보건상 유해·위험한 사업 중 임신
또는 출산에 관한 기능에 유해·위험한 사업에 사용하지 못한다.

④ 15세 이상 18세 미만인 사람의 근로시간은 1일에 7시간, 1주에 35시간을 초과하지 못한다. 다
만, 당사자 사이의 합의에 따라 1일에 1시간, 1주에 5시간을 한도로 연장할 수 있다.

⑤ 사용자는 18세 이상의 여성을 오후 10시부터 오전 6시까지의 시간 및 휴일에 근로시키려면
그 근로자의 동의를 받아야 한다.

⑥ 사용자는 임산부와 18세 미만자를 오후 10시부터 오전 6시까지의 시간 및 휴일에 근로시키지
못한다. 다만, 다음 각 호의 어느 하나에 해당하는 경우로서 고용노동부장관의 인가를 받으면
그러하지 아니하다.

　㉠ 18세 미만자의 동의가 있는 경우

　㉡ 산후 1년이 지나지 아니한 여성의 동의가 있는 경우

　㉢ 임신 중의 여성이 명시적으로 청구하는 경우

⑦ 사용자는 산후 1년이 지나지 아니한 여성에 대하여는 단체협약이 있는 경우라도 1일에 2시간,
1주에 6시간, 1년에 150시간을 초과하는 시간외근로를 시키지 못한다.

⑧ 사용자는 여성과 18세 미만인 사람을 갱내(坑內)에서 근로시키지 못한다. 다만, 보건·의료, 보
도·취재 등 대통령령으로 정하는 업무를 수행하기 위하여 일시적으로 필요한 경우에는 그러
하지 아니하다.

⑨ 사용자는 여성 근로자가 청구하면 월 1일의 생리휴가를 주어야 한다.

⑩ 사용자는 임신 중의 여성에게 출산 전과 출산 후를 통하여 90일(한 번에 둘 이상 자녀를 임신
한 경우에는 120일)의 출산전후휴가를 주어야 한다. 이 경우 휴가 기간의 배정은 출산 후에 45
일(한 번에 둘 이상 자녀를 임신한 경우에는 60일) 이상이 되어야 한다.

⑪ 사용자는 임신 중인 여성이 유산 또는 사산한 경우로서 그 근로자가 청구하면 대통령령으로 정하는 바에 따라 유산·사산 휴가를 주어야 한다. 다만, 인공 임신중절 수술에 따른 유산의 경우는 그러하지 아니하다.

⑫ 사용자는 임신 후 12주 이내 또는 36주 이후에 있는 여성 근로자가 1일 2시간의 근로시간 단축을 신청하는 경우 이를 허용하여야 한다. 다만, 1일 근로시간이 8시간 미만인 근로자에 대하여는 1일 근로시간이 6시간이 되도록 근로시간 단축을 허용할 수 있다.

⑬ 생후 1년 미만의 유아를 가진 여성 근로자가 청구하면 1일 2회 각각 30분 이상의 유급 수유시간을 주어야 한다.

█ 작업환경 유해요인 및 관리 █ ···

유해물질 노출기준 TLV	① 8시간 노출 기준(시간가중 평균노출기준, TLV-TWA): 시간가중 평균치로서 1일 8시간 또는 1주일 40시간의 평균 농도로 이 기준에 반복적으로 노출되어도 거의 모든 근로자에게서 건강상 장해가 일어나지 않는 수준 ② 단시간노출기준(TLV-STEL): 15분간 폭로되어도 건강장해가 없는 평균 농도 ③ 천정값(최고허용농도, TLV-C): 최고노출기준은 근로자가 1일 작업시간 동안 잠시라도 노출되어서는 아니 되는 기준

▼ 혼합물의 노출기준(R)

(1) 산업장에는 여러 종류의 유해물질이 동시에 사용되므로 각각에 대하여 정성 및 정량분석을 실시해야 한다. 독성이 비슷한 물질이 공기 중에 존재하고 표적장기가 동일하다면 이들은 상가작용(additive effect)을 일으킨다고 가정한다.

(2) 독성이 서로 다른 물질이 혼합되어 있을 경우 각각에 대하여 독립적으로 노출기준을 적용한다.

종류	내용	독성의 크기
독립작용	혼합물질이 서로 영향을 주지 않고 각각 독립적인 독성을 나타내는 경우	2|3=2|3
상승작용	혼합물질이 각각 독립적인 독성의 영향의 합보다 더 큰 경우	2+3=15
잠재작용	어떤 조직이나 기관에 독성을 일으키지 않는 물질이 다른 물질의 독성을 크게 하는 작용. 주로 고농도에서 영향을 일으킨다.	2+0=10
길항작용	두 가지 물질이 같이 있을 때 서로 영향을 방해하는 작용	2+3=1
상가작용	혼합물질이 각각 독립적인 독성의 영향의 합과 같은 경우	2+3=5

유해요인 관리대책	대치	① 유해하지 않은 물질을 사용하거나 유해하지 않은 공정으로 변경해 주는 것 ② 물질의 대치, 장비의 대치, 공정의 대치
	격리	① 작업자와 유해인자 사이에 장벽이 놓여 있는 상태 ② 장벽은 물체일 수도, 거리일 수도, 시간일 수도 있으며, 근로자를 격리시키는 것도 한 방법임
	개인 보호구	① 유해인자가 인체 내에 들어오는 것을 막아주는 최후의 방어수단으 로, 보호구 성능상 완벽하게 유해인자를 차단해 주지는 못하기 때 문에 우선순위가 제일 낮음 ② 호흡용 보호구(방진, 방독, 송기 마스크), 청력보호구, 보호의 보안경, 안전모, 안전화 등
	환기	① **전체환기**: 유해물질을 오염원에서 완전히 제거하는 방법이 아니라 유해물질 농도를 희석하여 낮게 하는 방법 ② **국소배기**: 오염물질, 즉 분진, 흄, 가스, 증기, 악취, 고열 등을 발생 원에서 제거하며 오염물질이 작업장에 확산되기 전에 제거하는 방법

하인리히 법칙	(1) 현성 재해(휴업재해): 불현성 재해 : 잠재성 재해 = 1 : 29 : 300
	(2) 도미노이론: 사고 확산의 연쇄성을 설명하며 제3요인을 적극적으로 관리한다면 연쇄 반응의 고리를 끊을 수 있다.
	(3) 사고 확산의 단계
	  ① 제1요인: 인간의 유전적 내력 또는 사회적으로 바람직하지 못한 현상
	  ② 제2요인: 제1요인에 의해 생기는 인간의 결함
	  ③ 제3요인: 제2요인에 따른 불안전한 행동 및 기계적 · 물리적 위험
	  ④ 제4요인: 사고
	  ⑤ 제5요인: 재해(상해)

산업재해 지표	(1) 건수율(발생률, incidence rate)
	  • 근로자 1,000명당 재해 발생 건수, 산업재해 발생 상황을 총괄적으로 파악하는 데 도움을 줌
	  • 건수율 $= \dfrac{\text{재해 건수}}{\text{평균 근로자 수}} \times 1{,}000$
	
	(2) 도수율(frequency rate)
	  • 100만 연 작업 시간당 재해 발생 건수, 산업재해 발생 상황을 파악하기 위한 표준적 지표로 사용
	  • 도수율 $= \dfrac{\text{재해 건수}}{\text{연 작업 시간 수}} \times 1{,}000{,}000$
	
	(3) 강도율(severity rate, intensity rate)
	  • 1,000 연 작업 시간당 작업손실일수, 재해에 의한 손상의 정도를 파악하는 데 도움을 주는 지표
	  • 강도율 $= \dfrac{\text{근로손실일수}}{\text{연 작업 시간 수}} \times 1{,}000$
	
	(4) 평균작업손실일수(중독율)
	  • 재해 건수당 평균작업손실의 규모가 어느 정도인지 나타내는 지표이다.
	  • 평균작업손실일수 $= \dfrac{\text{작업손실일수}}{\text{재해건수}} = \dfrac{(\text{강도율} \times 1{,}000)}{\text{도수율}}$
	
	(5) 사망만인율
	  • 근로자 10,000명당 연간 사망자 수
	  • 사망만인율 $= \dfrac{\text{연간 사망자 수}}{\text{평균 근로자 수}} \times 10{,}000$
	
	(6) 근로손실일수
	  = 신체 장해자 등급별 손실일수 + 사망자 손실일수(7,500일 계산) + 부상자 · 업무상 질병 요양자의 요양일수

┃산업재해 보상보험┃ ··

(1) **관리운영**: 관장자 - 고용노동부 장관, 관리운영 - 근로복지공단

(2) **산업재해보상보험의 특징**

   ① 사회보험제도(강제보험)

   ② 가입자 - 사업주, 수혜자 - 근로자

   ③ 소득보장과 의료보장 동시 보장

   ④ 무과실책임주의

   ⑤ 정률보상방식

(3) **보험급여의 종류**

   ① **요양급여**: 근로자가 업무상의 사유로 부상을 당하거나 질병에 걸린 경우 지급(4일 이상의 요양 필요시)

   ② **간병급여**: 요양급여를 받은 자 중 치유 후 의학적으로 상시 또는 수시로 간병이 필요하여 실제로 간병을 받는 자에게 지급

   ③ **휴업급여**: 업무상 사유로 부상을 당하거나 질병에 걸린 근로자에게 요양으로 취업하지 못한 기간에 대하여 지급. 1일당 평균임금의 100분의 70에 상당하는 금액 지급(4일 이상의 경우)

   ④ **장해급여**: 근로자가 업무상의 사유로 부상을 당하거나 질병에 걸려 치유된 후 신체 등에 장해가 있는 경우에 지급

   ⑤ **유족급여**: 사망자의 유족에 지급

   ⑥ **상병보상연금**: 요양급여를 받는 근로자가 요양을 시작한 지 2년이 지난 날 이후에 부상·질병이 치유되지 않고 중증요양상태가 계속되어 요양으로 취업하지 못할 경우 휴업급여 대신 상병보상연금을 지급

   ⑦ **장례비**: 근로자가 업무상의 사유로 사망한 경우에 지급. 평균임금의 120일분에 상당하는 금액을 그 장제를 지낸 유족에게 지급

   ⑧ **직업재활급여**: 장해급여를 받은 자 중 취업을 위하여 직업훈련이 필요한 자에 대하여 실시하는 직업훈련에 드는 비용 및 직업훈련수당, 직장복귀지원금, 직장적응훈련비 및 재활운동비

물리적 유해요인에 의한 직업병

소음	(1) 소음작업기준 ① 소음작업: 1일 8시간 작업을 기준으로 85dB 이상의 소음이 발생하는 작업장 ② 소음허용기준: 소음강도 90dB(A)의 8시간 노출로 규정, 소음은 115dB(A)를 초과해서는 안 됨 **[표]** (2) **소음 전신적 영향**: 소음이 교감신경과 내분비계통을 흥분시킴으로써 혈압을 상승시키고, 맥박과 신진대사를 증가시키며, 발한을 촉진하고 타액 · 위액 · 위장관 운동을 억제 (3) 소음성 난청 ① 감각신경성 난청 ② 대부분 양측성으로 진행 ③ 농(profound hearing loss)을 일으키지 않음 ④ 기도 및 골도의 청력치가 모두 감소 ⑤ 초기 청력손실 인지×, 이명○, 두통○ ⑥ 고음역(3,000, 4,000 및 6,000 특히, 4,000Hz)에서 청력손실이 현저히 심하게 나타남 ⑦ C5-dip 현상: 4,000Hz의 극히 국한된 주파수 대역에서 청력손실이 크고 다른 주파수 대역에서는 정상의 수평형을 보이는 소음성 난청 초기의 청각
진동	① **전신진동장애**: 골격계, 신경계 및 소화기계 장해, 요통, 추간판 손상 및 척추 퇴행변화 ② **국소진동장애**: 레이노 현상(Raynaud's Phenomenon), 수완진동증후군

1일 노출 시간	소음강도 dB(A)	1일 노출 시간	소음강도 dB(A)
8	90	1	105
4	95	1/2	110
2	100	1/4	115

	질환	원인	주증상	체온	치료방법
고온 장애	열사병	체온조절 중추 자체의 장애	두통, 어지럼, 귀울림, 피부건조, 권태감 후 혼수	41~ 43℃	체온 급속한 냉각
	열탈진	피부 혈관의 확 장으로 혈액의 말초혈관 저류 및 저혈압	전신권태, 허탈감, 두통, 구역, 어지럼, 의식상실, 혈압감소, 맥박증가, 차고 습한 피부	정상, 약간 상승	휴식, 생리식염수, 강심제 투여
	열실신	피부 혈관 확장 으로 인한 대뇌 허혈	맥박수 증가, 맥박은 약함, 차고 습한 피 부, 의식소실	정상	휴식, 냉각, 수액보충
	열경련	탈수로 인한 염 분소실	근육 경련, 차고 습한 피부	정상, 약간 상승	수분과 염분 보충
	열 쇠약증	비타민 B_1 결핍, 만성적인 체열 소모	전신권태, 식욕부진, 위장장애, 불면, 빈혈	정상	비타민 B_1 투여 휴식과 영양섭취

※ 고온 순화(acclimatization)
 ① 순화 안 된 사람이 갑자기 혹은 단기간 고온에 노출될 경우
    발한 속도↓, 나중에 땀분비량 ↑, 피부온도↑, 직장온도↑, 심박동수↑
 ② 고온순화: 약 2주 내에 완성
    • 증가: 심박출량(심장 수축력)↑, 조기발한 및 발한량↑, 알도스테론↑
    • 감소: 직장온도↓, 맥박수↓, 피부온도↓, 발한 중 염분농도↓, 염분 배설량↓

감압병	① 고압환경에서 장시간 작업 후 감압할 때, 질소와 같은 불활성 기체가 이산화탄소 나 산소와 함께 체외로 배출되지 않고 혈중으로 용해되어 혈액 순환을 방해하거 나 주위 조직에 기계적 영향을 주어 발생함 ② 증상: 근골격계 통증, 피부소양감, 신경학적 증상(운동마비나 지각장애), 뇌내 혈액순환장애와 호흡기계장애 ③ 치료: 고압산소요법으로 치료

전리 방사선	(1) 전리방사선 투과력 크기: 중성자 > 감마선, X-선 > 베타입자 > 알파입자(전리 작용과 반비례) (2) 방사능 단위

기술단위	정의	단위 명
방사능 (Radioactivity)	1초당 원자 1개 붕괴	베크렐(Bq)
조사선량 (Exposure Dose)	어떤 위치에서 방사선 강도의 세기	쿨롱(C), 뢴트겐(R)
흡수선량 (Absorbed Dose)	조직에 흡수된 에너지량	그레이(Gy), 라드(rad)
등가선량 (Equivalent Dose)	방사선의 선질계수로 가중된 흡수선량 살아있는 조직과 상호작용 할때의 영향	시버트(Sv), 렘(Rem)
유효선량 (Effective Dose)	노출된 장기의 민감도 또는 가중된 등 가선량	시버트(Sv), 렘(Rem)

(3) 건강장애
  ① 피부: 발적, 탈모, 피부각화
  ② 혈액 및 조혈기관: 빈혈, 백혈구감소증, 백혈병 면역감소
  ③ 악성종양: 백혈병, 피부암 및 골육종 등
  ④ 유전적 장애: 정신적 장애, 기형, 난청, 실명 등 백내장, 불임증
  ⑤ 수명 단축, 백내장, 불임증 등
(4) 신체조직 감수성 크기
  ① 고도 감수성 조직: 골수세포, 림프구, 림프조직, 생식세포, 눈의 수정체 등
  ② 중등도 감수성 조직: 타액선, 피부 및 위장관의 상피세포, 피부상피, 혈관내피
    세포, 결체조직
  ③ 저감수성 조직: 골, 연골, 뇌신경계, 간, 콩팥 등

┃분진에 의한 직업병(진폐증)┃ ···

규폐증	• 유리규산에 의해 발생 • 위험직업: 채광, 채석, 터널공사, 주물, 분사 작업, 도기, 도료, 시멘트 등 • 증상: 폐의 섬유화. 호흡 곤란, 지속적인 기침, 흉통, 결핵의 합병
탄폐증	탄광(석탄)의 광부에게서 발생하는 진폐증으로 대부분 증상이 없으며 예후도 양호
석면폐증	• 석면에 의한 진폐증 • 위험직업: 직물, 시멘트, 건축, 조선, 자동차산업 • 증상: 섬유증식 유발, 폐암과 중피종으로 사망
면폐증	면이나 그 밖의 섬유먼지로 인해 생기는 진폐증, 천식성 호흡곤란, 기침
농부폐증	곰팡이가 핀 건초 등 식물성 분진을 흡입함으로써 발생

┃화학적 유해요인에 의한 직업병┃ ···

중금속		위험작업	주요증상
중금속 중독	납	납 제련, 납축전지 제조, 페인트공, 인쇄공 등	납창백, 연선, 소변 중에 코프로포르피린 배출, 호염기성 적혈구(미성숙 적혈구) 증가, 빈혈, 신근마비, 위장장애, 중추신경계장애
	수은	수은 온도계 및 체온계 제조업, 농약제조,	• 3대 증상: 구내염, 근육진전, 정신증상 • 유기수은(미나마타병): 정신장애, 운동실조, 감각이상, 시각 및 청각장애 • 무기수은: 호흡기 장애, 잇몸염, 떨림, 수줍음, 신경과민증, 단백뇨 또는 신장기능 상실, 기억력 감퇴, 정서 불안, 떨림
	카드뮴	아연 광석 채광 및 제련, 형광등, 반도체, 축전지 등 취급 작업장	신장장애, 단백뇨, 골연화증, 보행 곤란, 사지의 동통, 폐기종, 폐부종
	크롬	크롬 도금, 화학비료공업, 염색공업, 시멘트 제조	비중격 천공, 부비동염, 피부염, 기관지염, 천식, 폐암
	비소	농약	말초신경염, 피부암, 폐암, 백혈병, 림프종 등
	망간	합금제조, 안료, 색소, 용접	금속열, 신경계증상(파킨슨병, 가면양 얼굴, 언어장애)
	알미늄	캔, 취사도구제작, 염료. 페인트	뼈와 뇌에 독성(뼈 골절 및 통증, 투석뇌증, 루게릭병, 파킨슨양 치매), 결막염, 습진, 상기도 자극, 알미늄폐증
유기 용제			① 벤젠: 조혈장애, 빈혈, 백혈병(나머지 방향족 탄화수소: 자극 증상, 중추신경계 억제) ② 톨루엔: 조혈기능에 영향 없이 일반 독성만 유발 ③ 노르말헥산: 말초신경염 ④ 이황화탄소: 중추신경장애, 말초신경병, 심장혈관계장애, 눈장애, 생식기능장애, 신장장애 등 ⑤ 트리클로로에틸렌(삼염화에틸렌): 졸음, 피로, 기억력 저하, 현기증, 두통, 구역, 알코올 내성, 떨림, 현기증, 불안 등. 신장암에 대한 충분한 발암성의 근거(IARC group 1)

식품위생

식품위생 정의	(1) 식품위생이란 식품, 식품첨가물, 기구 또는 용기 · 포장을 대상으로 하는 음식에 관한 위생을 말한다(「식품위생법」). (2) **식품위생의 목적**: 식품으로 인하여 생기는 ① 위생상의 위해(危害)를 방지하고, ② 식품영양의 질적 향상을 도모하며, ③ 식품에 관한 올바른 정보를 제공하여 국민건강의 보호 · 증진에 이바지함을 목적으로 한다(「식품위생법」). (3) **식품위생의 3원칙**: 안전성(Safety), 건전성(Soundness) 및 완전무결성(Wholesomeness)
식품위생 관리	(1) HACCP: 식품의 원료, 제조, 가공 및 유통의 전 과정에서 위해물질이 해당 식품에 혼합되거나 오염되는 것을 사전에 막기 위해 각 과정을 중점적으로 관리하는 기준 (2) HACCP 선행요건 　① 우수 제조 기준(GMP) 　② 표준위생운영절차(SSOP) 　③ 일반위생 관리 프로그램 (3) HACCP 7원칙 　① 위해요소 분석(harzard analysis): 위해요소를 분석하고 예방책을 식별하는 단계, 각 단계별로 모든 잠재적인 생물학적 · 화학적 · 물리적 위해요소를 분석 　② 중요 관리점(CCP) 설정: 위해요소를 예방 · 제어하거나 허용 수준 이하로 감소시켜 안전성을 확보할 수 있는 중요한 단계 · 과정 또는 공정. 　③ 허용 한계 기준(CL) 설정: 위해요소 관리가 허용범위 이내로 충분히 이루어지고 있는지 여부를 판단할 수 있는 기준이나 기준치 　④ 모니터링(monitoring) 설정: 한계기준을 적절히 관리하고 있는지 여부를 확인하기 위하여 수행하는 일련의 계획된 관찰이나 측정 　⑤ 개선 조치(corrective action) 설정: 모니터링 결과가 관리를 벗어났을 때 시정 조치를 하는 단계 　⑥ 검증(verification) 설정: HACCP 계획이 정확하고, 효과적으로 기능하는 것을 정기적으로 내부 및 외부 검증 　⑦ 기록(record) 보관 및 문서화시스템 설정

		부패	변패	산패	발효	숙성
식품의 변질		미생물의 번식으로 단백질이 분해되어 아미노산, 아민, 암모니아, 악취 등을 발생하는 현상	단백질 이외의 식품(주로 당질)이 미생물에 의해 변화되고 풍미가 나빠지게 되어 식용으로 부적절하게 되는 현상	지방이 산소, 햇빛, 금속 등에 의하여 산화·변색·분해되어 불쾌한 냄새나 맛을 형성하는 현상	식품이 미생물의 작용으로 분해되어 유기산, 알코올 등 각종 유용한 물질이 생성되고 유용하게 변화되는 것	어류를 방치하면 점차 굳는 사후 강직이 지나면 근육이 연화되어 향미가 증가되고 식용에 적합해지는 상태
식품의 보존	**물리적 보존법**	가열법	① 저온살균법: 62~65℃에서 30분간 가열 후 급냉 ② 고온단시간순간살균법: 70~75℃에서 15초간 가열 후 급냉 ③ 초고온순간살균법: 130~140℃에서 2~3초간 가열 후 급냉			
		냉장법	0~10℃ 사이에 보관. 미생물 증식 억제, 변질 지연, 자기소화 지연			
		냉동법	0℃ 이하에서 보관. 육류, 어류 등 보관			
		건조법	탈수법. 수분 15% 이하 → 미생물 생육 저지 Aw(0.6↓)			
		기타	자외선(2,500~2,700Å) 및 방사선이용법, 밀봉법(통조림법), 무균처리, 오염방지			
	물리· 화학적 보존법	훈연법	연기에 함유된 크실렌, 페놀메틸레이트, 포름알데히드, 식초산, 아세톤, 메틸알코올, 개미산 등에 의해 살균 및 건조			
		가스저장법	공기 중 이산화탄소·산소·온도·습도의 농도를 조절하여 오래 저장하는 방법			
		훈증법	곡류저장			
	화학적 보존법	염장법	10~20%의 소금을 뿌려 저장			
		당장법	40~50% 설탕에 저장			
		산저장법	초산, 젖산 등을 이용하여 식품을 저장			
		보존료	합성보존료나 산화방지제를 사용하여 보존하는 방법(방부제첨가)			
		천연물	향신료의 항균작용			

구분	세균성 식중독	소화기계 감염병(수인성 감염병)
관리법규	식품위생법	감염병의 예방 및 관리에 관한 법률
발병력	• 발병력이 약함 • 다량의 균(독소량)으로 발병	• 발병력이 강함 • 미량의 병원체로 발병
잠복기	짧다(약 12~24시간).	일반적으로 길다(2~7일).
경과	대체로 짧다.	대체로 길다.
2차 감염	없다(오염식품 섭취로 감염).	있다.
면역	없다.	어느 정도 면역이 형성된다.
격리	없다.	있다.

(세균성 식중독)

① 감염형 식중독: 살모넬라균, 장염비브리오, 병원성대장균, 여시니아, 캄필로박터, 리스테리아, 장구균 등
② 독소형 식중독: 포도상구균, 보툴리누스균, 웰치균 등

(자연독 식중독)

동물성 식중독	식물성 식중독	곰팡이에 의한 식중독
① 복어 • 테트로도톡신(Tetrodotoxin): 내열성, 신경독으로 지각이상, 위장장애, 호흡장애, 운동장애 등을 일으킴 ② 모시조개, 바지락, 굴 • 베네루핀(Venerupin): 내열성 독소, 치사율 44~50% ③ 섭조개, 대합조개, 검은조개 • 삭시톡신(Saxitoxin): 마비성 중독. 입술, 혀, 안면 마비, 호흡마비 ④ 조개류 독화원인: 먹이인 유독플랑크톤이 체내 축적되어 일어남	• 독버섯: 무스카린, 아가릭산, 콜린, 뉴린, 팔린, 아마니타톡신(맹독) • 감자: 솔라닌(Solanine) • 청매: 아미그달린(Amigdalin) • 독미나리: 시쿠톡신(Cicutoxin) • 목화씨: 고시폴(Gossypol) • 피마자씨: 리신(Ricine), 리시닌(Ricinine) • 독보리: 테물린(Temuline) • 오두: 아코니틴(Aconitine) • 대두: 사포닌(Saponin) • 고사리: 프타퀼로시드(ptaquiloside)	① 맥각독: 보리, 밀, 호밀에 잘 번식하는 맥각균 곰팡이. 에르고톡신(Ergotoxin), 에프로타민(Ergotamine) ② 황변미: 시트리닌(Citrinin), 이슬란디톡신(Islanditoxin), 시트레오비리딘(Citreoviridin) ③ 아스퍼질러스플라브스 독성 대사산물: 아플라톡신(Aflatoxin) • 땅콩, 쌀, 밀, 옥수수, 된장, 간장, 고추장 등에 존재 • 장기간 섭취 시 간암 발생

화학적 식중독	<불량첨가물> ① 유해감미료: 둘신(Dulcin), 파라 니트로 오르토 톨루딘(ρ-Nitro-o-Toluidine), 　사이클라메이트(Cyclamate), 에틸렌글리콜(ethylene glycol) ② 유해착색제: 아우라민(Auramine), 로다민 B(Rhodamine B), 실크 스카렛 　(Silk Scarlet), 말라카이트 그린(malachite green) ③ 유해보존료: 붕산(H_3BO_3), 포름알데히드(Formaldehyde), 승홍($HgCl$), 살리 　실산(salicylic acid) ④ 유해표백제: 롱가리트(Rongalite), 삼염화질소(NCl_3) ⑤ 불량주: 메탄올 ⑥ 용기 및 포장: 포름알데히드, 페놀, 비스페놀 A, 프탈레이트, 멜라민

▌감염병 식중독 ▌

식중독	원인균	원인식품	잠복기	증상	특징	예방
살모 넬라	Salmonella Enteritidis, S. Typhimurium, S. Choleraesuis	• 식육제품, 유 제품, 달걀 등 과 가공품 • 어패류와 가 공품	12~ 72시간 (평균 20)	고열(38~40℃)을 동반 급성 위장염: 복통, 설사, 구토, 구역	• 발병률: 75% • 치명률: 0.3~1%	60℃ 20분 가열 도축장 위생관리
장염 비브 리오	Vibrio Parahemolyticus 호염균(3~5%식염수 에서 잘 발육)	굴, 새우, 조개, 오징어, 낙지, 생선 등과 같은 해산 어패류 및 가공품	8~ 24시간	복통, 설사, 구토 를 주 증상으로 하 는 급성위장염		60℃ 15분 가열
병원성 대장균	병원성 대장균 O-157 EHEC, 쉬가독소, 베로독소	햄, 치즈, 소시 지, 고로케, 도 시락, 두부 등	2~8일 (평균 3~4일)	무증상, 복통, 수 양성 설사, 혈성 설 사, 출혈성장염		식품 분변 오염방지
여시 니아	Yersinia Enterocolitica 4℃ 전후의 저온에서 증식	• 덜 익은 돼지 고기, 살균하 지 않은 우유 • 끓이지 않은 물	3~7일	급성 수양성 설사, 충수염 유사한 복 통, 열, 인두염, 식 욕부진, 구토 등	저온성 식중독균	70℃에서 3분 가열

캄필로 박터	Campylobacter Jejuni, Campylobacter Coli	• 식육 및 햄버거, 닭고기 등 식육 가공품, • 살균되지 않은 우유	2~7일	설사, 복통, 두통, 권태감, 탈수, 근육통, 발열(38~39℃), 구역 및 구토 등	병원소: 닭	닭고기를 충분히 가열
리스 테리아	Listeria Monocytogenes 0~45℃ 넓은 범위에서 발육	동물성 식품 가공한 식품 중 치즈, 아이스크림 등 유제품, 식육제품, 닭고기 가공품 등	수일~수주	• 임산부 감염시 수직감염 유산, 조산, 사산 • 위장염 증상이 없는 것이 특징	• 냉장 상태에서 발육 • 65℃ 이상 가열시 사멸	냉장시 관리 주의, 충분히 가열 조리
비브 리오 패혈증	Vibrio Vulnificus 1~6% 식염에서 존재	해산물, 피부창상이 있는 사람이 바닷물과 접촉했을 때 발생	20~48시간	갑작스런 오한, 발열, 근육통, 혈압 저하, 발병 후 36시간 이내에 피부 병변	치명률: 40~50%	• 어패류 생식 금지 • 피부상처 있는 사람 바닷물에 들어가지 않도록 주의

┃독소형 식중독┃ ···

식중독	원인균	원인식품	잠복기	증상	특징	예방
포도상 구균	Staphylococcus Aureus) 장독소(Enterotoxin) – 내열성 외독소	김밥, 떡, 도시락, 빵, 우유, 버터, 치즈, 크림 등의 유제품, 어패류와 가공품, 두부	1~6 시간 (평균 3시간)	구토, 복통, 설사 등의 급성위장염 증상, 발열(38℃ 정도)은 20~30% 환자에게 나타남.	• 균은 이열성 • 독소는 내열성	화농성 질환자 조리 금지, 조리된 식품 즉시 처리
보툴리 누스	Clostridium Botulinus 혐기성균. 신경독소(Neurotoxin)	햄, 소시지, 통조림, 생선훈제품, 유제품	12~36시간	이완성 신경 마비, 복시, 안검하수, 연하곤란(삼킴장애), 호흡부전	조기치료 안 하면 치명률 50%,	분변오염 방지, 병·통조림 충분히 살균
웰치균	Clostridium Welchii, Perfringens, 가스괴저균, 편성혐기성균 α 독소, β 독소, γ 독소 등 약 12종 독소	식육, 가공품, 어류 및 그 가공품을 가열 조리 후 보관하였다가 섭취하는 경우	8~22시간 (평균 12시간)	• 오염된 육류 섭취 후 폭발적으로 발생 • 설사와 복통	집단급식에서 잘 발생	오염의 방지, 가열 멸균, 저장시 급속 냉각

정의	"식품첨가물"이란 식품을 제조·가공·조리 또는 보존하는 과정에서 감미, 착색, 표백 또는 산화방지 등을 목적으로 식품에 사용되는 물질을 말한다. 이 경우 기구·용기·포장을 살균·소독하는 데에 사용되어 간접적으로 식품으로 옮아갈 수 있는 물질을 포함한다.	
구비조건	① 인체에 유해한 영향을 미치지 않을 것 ② 식품의 제조·가공에 필수불가결한 것 ③ 식품 목적에 따른 효과는 소량으로도 충분할 것 ④ 식품에 나쁜 영향을 주지 않을 것 ⑤ 식품의 상품 가치를 향상시킬 것 ⑥ 식품의 영양가를 유지할 것 ⑦ 식품 성분 등에 의해서 그 첨가물을 확인할 수 있을 것 ⑧ 소비자에게는 이롭게 할 것	
종류	보존료	데히드로초산, 소르빅산안식향산, 파라옥시안식향산에스테르류, 프로피온산, 프로피온산나트륨, 프로피온산칼슘
	감미료	사카린나트륨, 글리실리친산, 소르비탈, 아스파탐
	표백제	메타중아황산칼륨, 메타중아황산나트륨, 무수아황산, 아황산나트륨, 산성아황산나트륨, 차아황산나트륨
	산화방지제	에리소르빈산, 아스코르빈산, 몰식자산프로필, 부틸히드록시아니졸(BHA), 디부틸히드로퀴논(BHT)
	살균제	차아염소산나트륨, 표백분, 이염화이소시아누르산나트륨
	발색제	아질산나트륨, 질산나트륨, 질산칼륨(식육가공품, 어육소시지류등), 황산제일철, 소명반

	열량소	구성소	조절소
영양소 기능	① 활동에 필요한 에너지를 공급하고 몸을 따뜻하게 유지시키는 영양소 ② 탄수화물, 단백질, 지방	① 필요한 물질을 재합성하고 조직 등을 구성하며, 소모된 물질을 보충하는 영양소 ② 단백질, 지질, 무기질 등 ③ 물(65%) > 단백질(16%) > 지방(14%) > 무기질(5%) > 탄수화물(1%)	① 생리 기능과 대사를 조절하는 물질 ② 인체가 항상 정상 상태를 유지할 수 있도록 도와주는 작용을 하는 영양소 ③ 무기질, 비타민

	종류	결핍증	종류	결핍증
무기질	칼슘(Ca)	골격 발육 부진, 골연화증, 구루병,	요오드(I)	갑상선종, 비만증
	인(P)	골격 발육 부진, 골연화증,	불소(F)	충치
	나트륨(Na)	식욕 부진, 소화 불량, 경련,	망간(Mn)	생장장애, 생식 작용 불가능
	염소(Cl)	식욕부진, 소화불량	코발트(Co)	비타민 B_{12} 결핍, 빈혈
	칼륨(K)	근육의 이완, 발육 부진	구리(Cu)	저혈색소성 빈혈
	마그네슘(Mg)	신경질환, 혈관의 확장과 경련	셀레늄(Se)	근육소모, 심근증, 임신 말기 결핍 시 유산·사산·조산
	황(S)	손발톱 발육 부진, 모발 발육 부진		
	철(Fe)	빈혈, 피로	아연(Zn)	소아 성장장애, 생식기능 발달 저하

구분	종류	결핍증
지용성 비타민	비타민 A(레티놀)	야맹증, 안구건조증, 피부이상
	비타민 D(칼리페놀)	구루병, 골연화증
	비타민 E(토코페롤)	불임, 근육위축증, 빈혈, 노화
	비타민 K(프로트롬빈)	혈액응고 지연, 출혈
	비타민 F(리놀렌산)	성장정지, 탈모, 피부염
수용성 비타민	비타민 B_1(티아민)	각기병, 신경염
	비타민 B_2(리보플라빈)	구내염, 구각염, 설염
	비타민 B_3(니아신)	펠라그라병
	비타민 B_6(피리독신)	피부염
	비타민 B_{12}(코발라민)	악성빈혈
	비타민 M(엽산)	거대적아구성 빈혈, 설염, 성장장애
	비타민 C	괴혈병

비타민

특성	지용성 비타민	수용성 비타민
용해도	기름과 유지 용매에 용해	물에 용해
흡수 이송	지방과 함께 흡수되고, 임파계를 통해 이송	당질과 아미노산과 함께 소화·흡수된다. 문맥순환으로 들어간다(간).
방출	담즙을 통하여 체외로 서서히 방출되나 좀처럼 방출되지 않는다.	뇨(尿)를 통해 빠르게 방출된다.
저장	간 또는 지방조직에 저장	신체는 스펀지같이 일정한 양을 흡수하면 초과량은 저장하지 않는다.
공급	필요량을 매일 절대적으로 공급할 필요없다.	매일 필요량을 절대적으로 공급해야 한다.
전구체	비타민의 전구체가 존재	일반적으로 전구체 존재하지 않는다 (니아신은 예외).
손실	산화를 통하여 약간 손실이 일어날 수 있다.	조리손실이 크다.
결핍	결핍 증세가 서서히 나타난다.	매일 필요량을 공급하지 못하면 결핍 증세가 비교적 속히 나타난다.
구성 원소	수소(H), 산소(O), 탄소(C)	수소(H), 산소(O), 탄소(C), 질소(N), 황(S), 쿠발트(Co) 등
종류	비타민 A, D, E, F, K	비타민 B, C, M(폴릭산, Folic Acid)

에너지 대사	기초 대사량	① 생명 유지를 위한 에너지(호흡, 대사, 체온 유지) ② 아침 일찍 공복일 때(식후 12~18시간 지난 아침), 20℃ 실내에서 안정된 상태로 조용히 누워있을 때 측정 ③ 체표면적이 클수록, 근육량이 많을수록 열량이 큼(남자 > 여자) ④ 발열이 있는 사람의 소요열량이 큼(영아 > 성인) ⑤ 기온이 낮으면 소요열량이 커짐(겨울 > 여름) ⑥ 체온이 1℃ 상승할 때마다 기초대사량은 13% 증가, 수면 시 약 10% 감소 ⑦ 항상성 유지됨 ⑧ 연령이 높아질수록 BMR은 감소
	특이동적 대사	① 음식물의 소화흡수 대사 과정에서 에너지가 소비되는 현상 ② 음식을 섭취한 후 2~3시간에 최고치에 도달(열 생산량)하며 점차 감소하면서 12~18시간 지속 ③ 단백질(20~30%) > 탄수화물(4~9%) > 지방(4%) ④ 단백질, 탄수화물, 지방 혼합식의 경우 10% 가량 대사가 항진됨
한국인 영양 섭취 기준	평균 필요량	대상 집단을 구성하는 건강한 사람들의 절반에 해당하는 사람들의 일일 필요량을 충족시키는 값으로 대상 집단의 필요량 분포치 중앙값으로부터 산출한 수치이다.
	권장 섭취량	성별, 연령군별로 거의 모든(97~98%) 건강한 인구 집단의 영양소 필요량을 충족시키는 섭취량 추정치로써 평균 필요량에 표준편차의 2배를 더하여 정한다.
	충분 섭취량	평균 필요량과 권장 섭취량을 구할 수 없을 때 설정, 역학 조사에서 관찰된 건강한 사람들의 영양소 섭취량의 중앙값을 기준으로 정한다.
	상한 섭취량	인체 건강에 유해 영향이 나타나지 않는 최대 영양소 섭취 수준이다. 과량 섭취 시 건강에 악영향의 위험이 있다는 자료가 있는 경우에 설정이 가능하다.

	Kaup 지수	Rohrer 지수

영양 상태 판정	• 영유아비만 판정
	• $\dfrac{체중(kg)}{[신장(cm)]^2} \times 10^4$
	• 15 미만 수척
	• <u>20 이상 비만</u>
		• 학령기 어린이 판정
		• $\dfrac{체중(kg)}{[신장(cm)]^3} \times 10^7$
		• 비만기준
		  − 신장 110~129cm: 180 이상
		  − 신장 130~149cm: 170 이상
		  − <u>신장 150cm 이상: 160 이상</u>

	Vervaek 지수	**비만도 지수**
	• $\dfrac{체중(kg)+흉위(cm)}{신장(cm)} \times 10^2$ • 82 이하 마른 상태 • <u>92 이상 비만</u>	• Broca's index 표준체중: 동일연령, 동일성에 있어서 사망률이 가장 낮은 체중 • 비만도 $= \dfrac{실체중-표준체중}{표준체중} \times 10^2$ • 10% 미만 정상 • 10~19.9% 체중 과다 • <u>20% 이상 비만</u>
	체질량지수 BMI	**복부비만 WHR**
	• 체질량지수 = 체중(kg) / 신장(m)^2 • 18.5 미만 저체중 • 18.5~24.9 정상 • <u>25 이상 비만</u>	• 복부비만 $= \dfrac{허리둘레(cm)}{엉덩이둘레(cm)}$ • <u>남자는 0.91 이상일 때 비만</u> • <u>여자는 0.83 이상일 때 비만</u>

Part 07

인구보건과 모자보건

인구이론

맬서스 주의	① 인간의 생식력과 토지의 생산력을 비교할 때, 인구는 기하급수적으로 늘고 식량은 산술급수적으로 증가하여 인구 압력이 크게 작용할 것이며, 결국 식량 부족이나 기근, 질병 및 전쟁 등 인구 문제가 발생될 것이기 때문에 인구 억제가 필요하다는 이론 ② **맬서스주의 이론**: 규제의 원리, 증식의 원리, 인구파동의 원리 ③ **인구 억제책**: 만혼(여자가 30세 이후에 결혼), 금욕 같은 도덕적 절제 방법
신맬서스 주의	① 프란시스 플레이스(Francis Place, 1771~1854) ② 맬서스의 인구론을 지지하면서 인구 억제책으로 피임 방법을 중시하고 적극 권장하는 것으로 신맬서스주의를 내세웠다.
적정 인구론	① 캐넌(E. Cannan, 1861~1935) ② 인구와 자원과의 관련성에 근거한 이론으로 그 나라의 사회, 경제적인 여건하에 국민 개개인이 최대의 생산성을 유지하여 최고의 삶의 질을 유지할 수 있는 인구를 뜻한다. 나라의 1인당 소득이나 생산성이 최대가 될 수 있는 인구 규모를 적정인구라 한다.

인구구조

피라미드형	• 14세 이하 인구가 65세 이상 인구의 2배 이상 • 인구가 증가할 잠재력을 많이 가지고 있는 형, 출생률과 사망률이 높은 형(출생률이 높고 사망률이 낮은 형)
종형	• 14세 이하의 인구가 65세 이상 인구의 2배 정도 • 출생률, 사망률이 모두 낮다.
항아리형	• 14세 이하의 인구가 65세 이상의 2배 이하 • 출생률이 사망률보다 더욱 낮아 인구가 감소하는 형, 평균수명이 높은 선진국
별형	• 생산층의 인구가 전체 인구의 50% 이상 • 생산연령인구가 많이 유입되는 도시 지역의 인구 구성
기타형	• 생산층 인구가 전체 인구의 50% 미만 • 별형과는 반대로 생산연령인구가 다수 유출되는 농촌에서 볼 수 있다.

노테쉬타인과 톰슨	① 1단계: 잠재적 성장 단계 – 고출생, 고사망: 다산다사형. 향후 인구 증가 예견 ② 2단계: 과도기적 성장 단계 – 고출생, 저사망: 다산소사형. 사망률은 감소 되지만 출생률은 그대로 지속. 인구가 급속하게 증가하는 단계. 향후 인구의 안정이 예견 ③ 3단계: 인구 감소 단계 – 저출생, 저사망: 소산소사형. 인구 감소기의 나라. 인구의 급속한 성장을 거친 후 감소기의 상태로 접어든 나라
블래커 (C.P. Blacker)	① 1단계: 고위 정지기. 고출생률과 고사망률인 인구정지형. 인구증가 잠재력을 가지고 있는 후진국형. 중부 아프리카 지역의 국가들 ② 2단계: 초기 확장기. 저사망률과 고출생률인 인구증가형. 당분간 인구증가는 계속되는 경제 개발 초기 국가. 한국과 일본을 제외한 아시아 국가들 ③ 3단계: 후기 확장기. 저사망률과 저출생률인 인구 성장 둔화형. 산업의 발달과 핵가족화 경향이 있는 국가들. 한국, 남아프리카, 중앙아메리카 등 ④ 4단계: 저위 정지기. 사망률과 출생률이 최저에 달하는 인구 증가 정지형. 이탈리아, 중동, 구소련 등(우리나라는 3단계에서 4단계로 접어들고 있는 과정) ⑤ 5단계: 감퇴기. 출생률이 사망률보다 낮아져서 인구가 감소하는 경향. 북유럽, 북아메리카, 일본, 뉴질랜드 등

▌인구통계▐

인구정태지표	인구동태지표

① 성비 = (남자수 / 여자수) × 100
② 연령별 인구: 생산층인구, 유년인구, 노년인구
③ 인구피라미드
④ 부양비
  = (비경제연령인구 / 경제연령인구) × 100
⑤ 유년부양비
  = (15세 미만 인구 / 경제 연령 인구) × 100
⑥ 노년부양비
  = (65세 이상 인구 / 경제 연령 인구) × 100
⑦ 노령화지수
  = (65세 이상 인구 / 15세 미만 인구) × 100
	① 조출생률 = (연 출생수 / 인구) × 1,000
	② 조사망률 = (연 사망수 / 인구) × 1,000
	③ 인구 자연 증가율 = 조출생률 – 조사망률
	④ 인구 증가 = 자연 증가 + 사회 증가
	⑤ 인구증가율
	  = (자연증가 + 사회증가) / 인구×1,000
	⑥ 연간인구증가율
	  = (연말인구 – 연초인구) / 연초인구×100
	⑦ 인구동태지수
	  = (출생수 / 사망수) × 100

인구문제

인구문제	① 3P: 환경문제(Pollution), 빈곤(Poverty), 인구(Population) ② 3M Complex: 영양부족(Malnutrition), 질병이환(Morbidity), 사망(Motality)
인구 조정정책	① 질적 조정: 인구의 성별, 연령별 구조 등의 불균형을 결혼 및 출산을 통하여 이루려는 우생학적 정책과 결부됨 ② 양적 조정: 사망률과 출생률의 저하에 관심. 직접적인 조정 대상은 출생률로서 가족계획사업을 통하여 달성하는 방법
인구 대응정책	인구변동의 결과로 야기되는 식량, 주택, 고용, 교육, 도시문제 등 제반문제를 해결하기 위한 정책

모자보건

주요 용어	① 임산부: 임신 중에 있거나 분만 후 6개월 미만의 여성 ② 모성: 임산부와 가임기 여성 ③ 영유아: 출생 후 6년 미만인 사람 ④ 신생아: 출생 후 28일(4주) 이내의 영유아 ⑤ 영아: 출생 후 1년 이내 ⑥ 유아: 출생 후 1년~6년 미만 ⑦ 주산기: 임신 28주 이후~생후 1주까지 ⑧ 미숙아: 임신 37주 미만의 출생아 또는 출생 시 체중이 2.5kg 미만인 자

▋모성보건관리▋···

산전관리	① 임부와 태아의 건강 상태를 주기적으로 진단하여 위험요인을 조기에 발견하여 적절한 조치 ② 산전 관리가 사산율, 주산기 사망률, 저체중 출생아와 미숙아 출산율, 선천성 기형아 출산율 등을 감소시키는 데 크게 기여함 ③ 모성사망비와 유병률을 감소시킬 수 있음 ④ 산전 관리 횟수(「모자보건법 시행규칙」 제5조 별표 1) 　㉠ 임신 초기부터 7개월(28주)까지: 4주마다 1회 　㉡ 임신 8개월(29주)에서 9개월(36주)까지: 2주마다 1회 　㉢ 9개월(37주) 이후부터 분만 시까지: 1주마다 1회
분만관리	① 37주 미만 출생아: 조산아(Premature Infant or Pre-term Infant) ② 37주 이상 42주 미만 출생아: 정상 기간 출생아(Term Infant) ③ 42주 이상 출생아: 과숙출생아(Post-term Infant) ④ 몸무게 기준에 따라 2,500g 미만을 미숙아(Immature Infant), 4,500g 이상을 과숙아(Exceptionally Large Baby)로 본다.
산후관리	① 분만 후부터 6주까지의 기간. 산모의 생식기가 임신 이전 상태로 회복되는 시기 ② 산욕기 질환: 산욕열, 산욕기 자궁내막염, 제왕절개술 후 창상감염, 산욕기 유방염, 산후 우울증 등

▋영유아 보건관리▋···

미숙아	① 체중 2.5kg 미만 또는 37주 미만 출생아 ② 조산아 4대 관리: 체온 관리, 영양 관리, 호흡 관리, 감염 방지 ③ 건강진단 실시기준 　㉠ 분만의료기관 퇴원 후 7일 이내에 1회 　㉡ 1차 건강진단 시 건강문제가 있는 경우에는 최소 1주에 2회 　㉢ 발견된 건강문제가 없는 경우에는 영유아 기준에 따라 건강진단을 실시
신생아	① 신생아의 주요 사망 원인: 신생아 질환 > 분만 시 손상 > 감염 ② 건강진단 실시기준: 수시
영유아	① 영아: 예방접종 관리가 주요 보건 관리 목표 ② 유아: 주로 사고 사망 ③ 건강진단 실시기준 　㉠ 출생 후 1년 이내: 1개월마다 1회 　㉡ 출생 후 1년 초과 5년 이내: 6개월마다 1회

┃모성질환┃ ....

모성사망	① 직접 산과적 원인: 산과적 색전증, 자궁무력증, 분만후 출혈, 임신중독증 등 ② 간접 산과적 원인: 임신으로 인한 심장질환, 악성종양, 신장질환 등의 악화
임신 중독증	① 임신 후기, 특히 8개월 이후에 다발 ② 유산, 사산, 조산, 주산기 사망, 임산부 사망의 주요 원인 ③ 발생기전은 정확히 알려져 있지 않음 ④ 3대 증상: 부종, 단백뇨, 고혈압
산욕열	① 산욕기(출산 6~8주 사이) 감염에 의한 심한 발열현상으로 자궁내막의 염증, 산도의 국소적 염증과 전신적인 균의 침입으로 발생 ② 38℃ 이상의 고열과 오한 ③ 항생제의 사용, 위생적 분만 등으로 선진국이나 도시는 발생률이 극히 낮음

┃인공 임신중절수술┃ ....

허용 한계	① 인공임신중절수술은 임신 24주일 이내인 사람만 할 수 있다. ② 본인 또는 배우자가 우생학적 또는 유전학적 정신장애나 신체질환이 있는 경우(연골무형성증, 낭성섬유증 및 그 밖의 유전성 질환) ③ 본인 또는 배우자가 전염성 질환이 있는 경우(풍진, 톡소플라즈마증 및 그 밖에 의학적으로 태아에 미치는 위험성이 높은 전염성 질환) ④ 강간 또는 준강간에 의하여 임신된 경우 ⑤ 법률상 혼인할 수 없는 혈족 또는 인척간에 임신된 경우 ⑥ 임신의 지속이 보건의학적 이유로 모체의 건강을 심히 해하고 있거나 해할 우려가 있는 경우

Part 08

학교보건과 보건교육

┃학교보건┃ ···

학교보건 중요성	① 학생인구는 전체 인구의 약 1/4이나 되는 큰 집단이다. ② 학교는 지역사회의 중심이며, 학생을 통한 지역사회에 대한 간접적 보건교육이 가능하다. ③ 학령기는 영아기 다음으로 빠른 성장 속도를 보이며, 정서적으로도 사춘기를 겪기 때문에 적절한 건강 관리가 중요하다. ④ 학생의 건강은 학령기뿐만 아니라 성인기의 건강을 위해서도 중요하다. ⑤ 집단생활을 하기 때문에 감염병의 발생이 쉽다.

	Allensworth & Kolbe의 학교보건사업 구성요소	WHO 학교건강증진지표
학교보건 구성요소	① 학교보건 정책 및 건강한 학교환경(물리적·정신적·사회적 환경) ② 학교보건교육 ③ 학교보건서비스 ④ 가족–지역사회와의 연계 ⑤ 학교 체육교육 ⑥ 학교급식 ⑦ 건강상담 ⑧ 교직원의 건강증진	① 건강한 학교정책 ② 학교의 물리적 환경 ③ 학교의 사회적 환경 ④ 지역사회 연계 ⑤ 개인의 건강기술 및 행동역량 ⑥ 보건의료서비스

학교보건 범위	학교보건 서비스	① 건강검사: 신체의 발달 상황 및 능력, 정신건강 상태, 생활습관, 질병의 유무 등에 대하여 조사하거나 검사하는 것 ② 건강검진: 초등학교의 1·4학년, 중·고등학교 1학년 실시, 구강검진은 전 학년에 대하여 실시
	학교보건 교육	학교의 장은 학생의 신체 발달 및 체력 증진, 질병의 치료와 예방, 음주·흡연과 약물 오용·남용의 예방, 성교육, 정신건강 증진 등을 위하여 보건교육을 실시하고 필요한 조치를 하여야 한다.
	학교 환경위생	학교의 장은 교육부령으로 정하는 바에 따라 교사(校舍) 안에서의 환기·채광·조명·온도·습도의 조절, 상하수도·화장실의 설치 및 관리, 오염공기·석면·폐기물·소음·휘발성유기화합물·세균·먼지 등의 예방 및 처리 등 환경위생과 식기·식품·먹는 물의 관리 등 식품위생을 적절히 유지·관리하여야 한다.
	학교급식	학교급식의 질을 향상시키고 학생의 건전한 심신의 발달과 국민 식생활 개선에 기여함을 목적으로 학교 또는 학급의 학생을 대상으로 학교의 장이 실시하는 급식을 말한다.

교육 환경 보호 구역	① 설정: 교육감 / 관리: 학교 장 ② 절대보호구역: 학교출입문으로부터 직선거리로 50미터까지인 지역 ③ 상대보호구역: 학교경계등으로부터 직선거리로 200미터까지인 지역 중 절대보호구역을 제외한 지역 ④ 관리: 해당학교의 장 ㉠ 상·하급 학교 간에 보호구역이 서로 중복되는 경우에는 하급학교의 장이 관리 ㉡ 같은 급의 학교 간에 보호구역이 서로 중복될 경우에는 학생 수가 많은 학교의 장이 관리 ㉢ 절대보호구역과 상대보호구역이 서로 중복되는 경우 절대보호구역이 설정된 학교의 장이 관리

	구분	내용	표준	
학교 환경 위생	교사 내 환경	실내온도	• 실내온도: 18~28℃ • 난방온도: 18~20℃ • 냉방온도: 26~28℃	
		습도	비교습도 30~80%	
		환기량	1인당 환기량이 시간당 21.6m³ 이상 되도록 할 것	
		채광 (자연조명)	최대조도와 최소조도의 비율이 10:1이 넘지 아니하도록 할 것	
		조도 (인공조명)	• 책상면을 기준으로 300Lux 이상 되도록 할 것 • 최대조도와 최소조도의 비율은 3:1이 넘지 아니하도록 할 것(300~600Lux)	
	화장실	화장실	4월~9월 주 3회 이상, 10월~3월 주 1회 이상 소독 실시	
	소음	소음	교사 내 소음은 55dB(A) 이하로 할 것	
	교사 내 공기질	미세먼지	PM-2.5	$35\mu g/m^3$
			PM-10	$75\mu g/m^3$
		이산화탄소	1000ppm(0.1%)	
		이산화질소	0.05ppm	
		포름알데히드	$80\mu g/m^3$	
		총부유세균	$800CFU/m^3$	
		일산화탄소	10ppm(개별 난방 교실 및 도로변 교실)	
		라돈	$148Bq/m^3$(1층 이하 교실)	
		석면	0.01개/cc(석면 건축물에 해당하는 학교)	
		오존	0.06ppm(교무실 및 행정실: 오존 발생시키는 사무기기가 있는 경우)	

정의 및 목적	정의	보건교육은 단순히 지식을 전달하거나 지식을 가지고 있는 데 그치는 것이 아니라 건강을 자기 스스로가 지켜야 한다는 긍정적인 태도를 가지고 건강에 올바른 행동을 일상생활에서 습관화하도록 돕는 교육 과정이다(KAP).
	목적 (WHO)	① 지역사회 구성원의 건강은 지역사회의 발전에 중요한 재산임을 인식시킨다. ② 건강을 완전히 구현하기 위하여, 개인이나 혹은 집단의 구성원으로서 자기 스스로 해야 할 일을 수행할 수 있는 능력을 갖도록 돕는다. ③ 개인이나 집단 또는 지역사회가 자신의 보건 문제를 인식하고 스스로 행동하여 이것을 해결함으로써 자신의 건강을 증진시킬 수 있도록 하는 데 있는 것으로, 보건에 대한 자주적인 정신을 배양해 주고 자주적인 태도를 갖게 하는 것이다.
보건교육 방법	강의	① 짧은 시간 내에 많은 양의 지식이나 정보를 다수에게 전달할 수 있어 경제적임 ② 학습자가 교육 내용에 대하여 기본 지식이 없을 때, 개념을 설명할 때 유리함 ③ 많은 학습자가 교육내용을 다 기억하지 못할 수 있음 ④ 학습자가 수동적인 상태에 있으므로 능동적인 참여를 통한 변화 유도가 어려움
	집단토론	① 참가자들이 어떤 특정 주제에 대하여 자유로운 토론을 하는 방법 ② 참가자의 수가 5~10명이 적당함 ③ 모든 교육대상자들이 능동적으로 참여할 수 있는 기회 제공 ④ 많은 대상자가 참석할 수 없으므로 경제적이지 못함
	심포지엄	① 동일한 주제에 대해 2~5명의 전문가가 각자의 의견을 각각 10~15분 정도 발표 의견을 발표한 후 사회자는 청중을 공개토론 형식으로 참여시키는 교육 방법 ② 청중이 알고자 하는 문제에 대한 전체적인 파악과 부분적인 이해가 가능함 ③ 청중이 주제에 대한 지식이 없을 때에는 비효과적임
	배심토의 (패널토의)	① 어떤 주제에 대해 대립되거나 다양한 견해를 가진 전문가 4~7명이 사회자의 진행에 따라 토의를 진행하는 방법 ② 청중은 비교적 높은 수준의 토론을 경험하고 타인의 의견을 듣고 비판하는 능력 배양 ③ 어떤 주제에 대해 다각도로 분석하고 미래를 예측할 수 있음 ④ 전문가 위촉 시 부담이 있음 ⑤ 청중이 기존 지식이 없을 때 토론의 이해 속도를 따르지 못함 ⑥ 유능한 사회자를 구하기가 쉽지 않음

보건교육 방법	버즈세션 (분단토의)	① 전체를 몇 개의 소집단으로 나누어 토의시키고 다시 전체 회의에서 종합하는 방법 ② 참석인원이 많아도 진행이 잘 됨 ③ 참가자들의 준비가 없을 때는 전혀 무익함 ④ 소수의 의견이 그룹 전체의 의견이 될 수 있음
	브레인 스토밍	① 특별한 문제를 해결하기 위한 단체의 협동적인 토의로 어떤 문제의 여러 면을 검토하는 방법 ② 아이디어의 수가 많을수록 질적으로 우수한 아이디어가 나올 가능성이 높음 ③ 일반적으로 아이디어는 비판이 가해지지 않아야 함 ④ 정해진 유일무이한 정답을 찾아가는 틀에 박힌 사고를 벗어나 어떤 제약이나 제한도 고려하지 않는 다양성과 창의성을 표출할 수 있는 열린 사고를 함양할 수 있음 ⑤ 시간 낭비로 끝날 수 있기 때문에 우수하고 다양한 의견이 나올 수 있도록 유도하는 고도의 기술이 필요함

▌건강행동변화 이론 ▌

건강신념 모형	① 행위를 결정하는 것은 개인의 주관적인 지각 세계에 의존한다고 가정함
	② **주요구성요소**: 지각된 민감성, 지각된 심각성, 지각된 유익성, 지각된 장애요인, 행동의 계기
	③ 성, 연령, 수입, 교육 수준 등의 인구사회학적 요인은 지각된 심각성, 이익에 대한 지식, 자기효능감에 영향을 미침
	④ **보건교육에의 적용**
	  ㉠ 심각성과 민감성을 높인다.
	  ㉡ 장애는 적고, 이익이 크다고 느끼도록 한다.
	  ㉢ 자기효능감을 높인다.

합리적 행위론	① 인간의 행동은 의지로 조절할 수 있으며, 합리적인 이유에 근거하여 결정된다는 것. ② 행동이란 그 행동을 수행하려는 의도에 영향을 받게 되며, 이 행위 의도는 자신이 지닌 행위에 대한 태도(행위에 대한 태도)와 주위의 의미 있는 사람들이 그 행위를 어떻게 여길 것인지(주관적 규범)를 검토하여 결정
계획된 행위론	① 합리적 행위론의 연장선상에 있으면서 의지적이지 않은 행동까지도 설명할 수 있는 이론 ② 행동통제를 포함시켜 인간의 다양한 사회적 행동을 설명 ③ **인지된 행동 통제**: 행동을 수행하는 것이 자신의 의지적 통제 하에 있을 때 행동의 수행이 쉽거나 어렵다고 스스로가 지각하는 수준

범이론적 모형	① 행동 변화 과정과 행동 변화 단계를 핵심으로 행동 변화를 설명하는 개념 ② 주요 개념: 변화 단계, 변화 과정, 자기효능감, 의사결정 균형 ③ 변화 단계: 계획전단계-계획단계-준비단계-행동단계-유지단계
사회인지 이론	① 반두라(Bandura)에 의해 제시 ② 행동, 개인, 환경은 서로 영향을 주고받으며 상호적으로 결정된다고 설명함 ③ 주요 개념: 상호결정론, 환경, 강화, 관찰학습, 행동역량, 결과예상, 결과기대, 자기효능감, 수행의 자기통제, 정서적 자극관리
PRECEDE – PROCEED 모형	

▌건강행태모형 분류▌ ···

개인적 차원의 이론과 모형	개인의 심리사회적 과정을 이해하고 이에 대한 교육과 행태 개선에 초점을 둔다. ㉑ 인지조화론, 건강믿음모형(HBM), 합리적 행위론, 계획된 행위론, 범이론적 모형, 귀인이론, 예방채택과정모형 등
개인 간 차원의 이론과 모형	행태변화를 개인과 개인을 포함하는 주변 환경, 사회적 인식, 의사－환자 간의 관계개선으로 이해하고 접근하는 데 초점을 둔다. ㉑ 사회인지이론, 자기효능이론, 사회적관계망과 사회적 지지이론, 정보처리와 설득적 커뮤니케이션, 동기화면담 등
집단 및 지역사회 차원의 이론과 모형	지역사회 확산을 통한 개선에 초점을 둔다. ㉑ MATCH, PRECEDE-PROCEED모형, 의사소통이론, 혁신의 확산모형, 조직변화이론, 지역사회조직화모형 등

▌노인보건▐ ···

목표	건강노화, 성공적 노화, 활동적 노화, 생산적 노화
접근 원칙	기능중심의 접근, 사람중심의 접근, 생애과정 접근, 통합적 접근, 지역사회기반 서비스 제공체계 구축
노인기능 지표	① **일상생활수행능력(ADL)**: 목욕, 옷입기, 화장실사용, 이동, 대소변 조절, 식사, 세수 ② **수단적 일상생활수행능력(IADL)**: 몸단장, 집안일, 식사준비, 빨래하기, 근거리 외출, 약챙겨먹기, 교통수단 이용, 물건사기, 전화사용
노인 질환의 특징	① 병인과 발병 시기가 불분명할 때가 많다. ② 서서히 가벼운 병상으로부터 만성으로 진행되며, 점차 중병의 기능장애로 발 전된다. ③ 동시에 여러 질병을 갖고 있다. ④ 증상이 없거나 비전형적이다. ⑤ 개인차가 크다. ⑥ 노화 현상인지 질병인지 모호하다. ⑦ 약물에 대한 부작용이 크다. ⑧ 의사의 지식과 경험만으로 치료가 어렵고, 물리치료사, 재활의학 전문가 등의 팀워크 치료가 필요하다. ⑨ 일반 인구보다 만성 질환 유병률이 높고 급성 질환 발생률도 높다. ⑩ 의료 이용에 대한 욕구가 높고 만족도는 낮다. ⑪ 근골격계 질환이 가장 많고 다음으로 순환기계 질환의 발생이 높다. ⑫ 의식과 정신 장해가 많다.

노인장기 요양보험 제도	(1) 「노인장기요양보험법」의 목적: 이 법은 고령이나 노인성 질병 등의 사유로 일상 생활을 혼자서 수행하기 어려운 노인등에게 제공하는 신체 활동 또는 가사 활동 지원 등의 장기요양급여에 관한 사항을 규정하여 노후의 건강증진 및 생활안정을 도모하고 그 가족의 부담을 덜어줌으로써 국민의 삶의 질을 향상 하도록 함을 목적으로 한다. (2) 특징 　① 건강보험제도와 별도 운영 　② 사회보험방식을 기본으로 한 국고지원 부가방식 　③ 보험자 및 관리운영기관의 일원화 　④ 노인중심의 급여 　⑤ 수급대상자: 65세 이상의 노인 또는 65세 미만의 자로서 치매 · 뇌혈관성 　　질환 등 노인성 질병을 가진 자 중 6개월 이상 동안 혼자서 일상생활을 　　수행하기 어렵다고 인정되는 자 (3) 장기요양급여 제공의 기본원칙 　① 장기요양급여는 노인 등의 심신 상태 · 생활 환경과 노인 등 및 그 가족의 　　욕구 · 선택을 종합적으로 고려하여 필요한 범위 안에서 이를 적정하게 제 　　공하여야 한다. 　② 장기요양급여는 노인 등이 가족과 함께 생활하면서 가정에서 장기요양을 　　받는 재가급여를 우선적으로 제공하여야 한다. 　③ 장기요양급여는 노인 등의 심신 상태나 건강 등이 악화되지 아니하도록 　　의료서비스와 연계하여 이를 제공하여야 한다. (4) 요양급여 　① 재가급여: 방문요양, 방문목욕, 방문간호, 주 · 야간보호, 단기보호, 기타 　　재가급여 　② 시설급여: 장기요양기관에 장기간 입소한 수급자에게 신체활동 지원 및 심 　　신기능의 유지 · 향상을 위한 교육 · 훈련 등을 제공(노인요양시설, 노인요 　　양공동생활가정) 　③ 특별현금급여: 가족요양비, 특례요양비, 요양병원간병비 (5) 본인일부부담금(국민기초생활보장 수급자 제외) 　① 재가급여: 장기요양급여비용의 100분의 15 　② 시설급여: 장기요양급여비용의 100분의 20 　③ 의료급여 수급권자, 소득 · 재산 등이 일정 금액 이하인 자는 본인일부부담 　　금을 60% 범위에서 차등 감경

정신보건 이념	① 모든 국민은 정신질환으로부터 보호받을 권리를 가진다. ② 모든 정신질환자는 인간으로서의 존엄과 가치를 보장받고, 최적의 치료를 받을 권리를 가진다. ③ 모든 정신질환자는 정신질환이 있다는 이유로 부당한 차별대우를 받지 아니한다. ④ 미성년자인 정신질환자는 특별히 치료, 보호 및 교육을 받을 권리를 가진다. ⑤ 정신질환자에 대해서는 입원등이 최소화되도록 지역 사회 중심의 치료가 우선적으로 고려되어야 하며, 정신건강증진시설에 자신의 의지에 따른 입원등이 권장되어야 한다. ⑥ 정신건강증진시설에 입원등을 하고 있는 모든 사람은 가능한 한 자유로운 환경을 누릴 권리와 다른 사람들과 자유로이 의견교환을 할 수 있는 권리를 가진다. ⑦ 정신질환자는 원칙적으로 자신의 신체와 재산에 관한 사항에 대하여 스스로 판단하고 결정할 권리를 가진다. 특히 주거지, 의료행위에 대한 동의나 거부, 타인과의 교류, 복지서비스의 이용 여부와 복지서비스 종류의 선택 등을 스스로 결정할 수 있도록 자기결정권을 존중받는다. ⑧ 정신질환자는 자신에게 법률적ㆍ사실적 영향을 미치는 사안에 대하여 스스로 이해하여 자신의 자유로운 의사를 표현할 수 있도록 필요한 도움을 받을 권리를 가진다. ⑨ 정신질환자는 자신과 관련된 정책의 결정과정에 참여할 권리를 가진다.
정신건강 전문요원	정신건강임상심리사, 정신건강간호사, 정신건강사회복지사, 정신건강작업치료사
정신보건 사업의 원칙	① 지역 주민에 대한 책임 ② 환자의 가정과 가까운 곳에서 치료 ③ 포괄적인 서비스 ④ 여러 전문인력 간의 팀적 접근 ⑤ 진료의 지속성 ⑥ 지역 주민의 참여 ⑦ 정신보건사업의 평가와 연구 ⑧ 예방 ⑨ 정신보건자문 ⑩ 보건의료서비스와 사회복지서비스와의 연계

정신질환	정신 분열증	① 사회환경적, 심리적, 생리적 원인 및 유전적 원인 ② 감정, 사고, 행동 등에 장애가 있는 정신질환으로서 특히 감정과 사고를 조절하고 통합하는 뇌기능장애가 심한질병 ③ 무반응, 함구, 환각 등의 증세와 과대망상이나 피해망상, 비합리적인 언행 등의 증상
	조울병	① 조울병: 극심하게 침울하거나 슬픈 기분에서부터 기분이 지나치게 고양되거나 쾌활한 양상까지 극단적인 기분의 변화가 주기적으로 나타나는 병(양극성 장애) ② 우울증: 우울한 감정이 몇 주일 지속되어 일상생활에 지장을 받을 정도가 되는 경우
	신경증	히스테리, 강박신경증, 신경쇠약증 등을 총칭하는 증후군
	인격 장애	사회적으로 문제되는 정도는 아니지만 타인에 대해 불신과 의심이 강하고, 책임전가를 잘하지만 양심의 가책은 느끼지 못하며, 지나친 우월감이나 이기심이 강하지만 자신의 의무나 책임은 충실하지 못하는 경우
	사이코 패스	① 극단적인 반사회적 인격장애로 사회관습이나 법질서에 역행하는 비이성적 행동이나 반인륜적 행동을 하면서도 죄책감을 느끼지 못함 ② 자신의 출세나 이득을 위해서 타인을 무자비하게 가해하고도 양심의 가책을 느끼지 못하는 인격장애 ③ 특히 반인륜적 흉악범죄에 대해 죄책감을 느끼지 않지만 잘못임을 알고 있는 반사회적 정신질환을 소시오패스(Sociopath)라 함

제1장 보건행정

┃ 보건의료서비스 ┃ ···

보건의료 사회경제적 특징		① 정보의 비대칭성(소비자의 지식 부족) → 공급이 수요 창출(Say's Law) ② 외부 효과(전염병 예방) ③ 수요의 예측 불가능성 → 의료보험의 근거 ④ 공급 및 수요의 비탄력성 ⑤ 독점성 ⑥ 공급과 수요의 일치 ⑦ 공급과 수요의 시간적 불일치 ⑧ 공공재적 성격 ⑨ 우량재적 성격
Donabedian 의료의 질 평가	구조평가	① 인적·물리적·재정적 자원에 대한 평가 ② 의료의 질에 대한 간접적 평가 ③ 의료기관 신임제도, 면허와 자격부여제도
	과정평가	① 의료제공자가 환자를 진료하는 과정과 행위의 적절성을 평가 ② 가장 직접적인 의료의 질 평가 ③ 의료이용도 조사, 의료감사, 임상진료지침 여부, 동료심사, 보수교육, 전문가표준검토기구
	결과평가	① 환자에게 제공된 의료서비스로 인해 현재 또는 미래의 건강상태가 어떻게 변화되었는지에 초점을 두는 접근방법 ② 병원사망률, 이환율, 재발률, 기능회복률, 환자만족도

행정과정	① 행정의 4대 요소: 조직, 인사, 예산, 법규 ② 귤릭(Gulick)의 7가지 관리 기능(POSDCoRB) 　기획(Planning), 조직(Organizing), 인사(Staffing), 지휘(Directing), 　조정(Coordination), 보고(Reporting), 예산(Budgeting)
보건행정 특성	① 공공성 및 사회성: 사회구성원인 국민의 건강향상을 위하여 노력 ② 봉사성: 국민의 건강향상을 위하여 적극적으로 서비스를 제공 ③ 조장성 및 교육성: 교육하고 자발적인 참여를 하도록 분위기를 조장 ④ 과학성 및 기술성: 보건의료에 대한 지식과 기술을 갖춰야 함
정책	① 정책의 특성: 정부 주체, 목표지향성, 미래지향성, 인본주의적 가치와 행동 추구, 　정치적 성격, 문제해결 지향, 합리성 강조 ② 정책의 구성 3요소: 정책목표, 정책수단, 정책대상집단 ③ 정책과정 참여자 　㉠ 공식적 참여자: 국회, 대통령과 대통령실 보좌진, 행정기관과 관료, 사법부, 　　지방정부 등 　㉡ 비공식적 참여자: 정당, 이익집단, 시민단체, 언론, 정책전문가, 일반시민과 　　여론 등 ④ 정책 과정: 정책의제설정 → 정책결정 → 정책집행 → 정책평가 　㉠ 정책의제 설정: 사회문제 → 사회적 이슈 → 공중의제 → 공식의제 　㉡ 정책 결정과정: 정책문제의 인지 → 목표의 설정 → 정보의 수집 및 분석 → 　　대안의 작성 및 평가 → 대안의 선택 ⑤ 정책평가기준: 효과성, 능률성, 대응성, 형평성, 적합성, 만족도 ⑥ 정책결정기법: 합리모형, 만족모형, 점증모형, 혼합모형, 최적모형
기획	① 조직의 목표설정뿐만 아니라 이를 효과적으로 달성하기 위한 수단으로서의 행동 　과정을 포함한다. ② 기획의 순서: 문제 인지 → 목표 설정 → 상황 분석 → 대안 작성 및 선택 → 수행 　→ 평가 ③ 계획예산제도(PPBS, Planning Programming Budgeting System): 장기적인 계획 수립 　과 단기적인 예산 편성을 연관시킴으로써 자원 배분에 대한 의사결정을 합리적으 　로 일관성 있게 하려는 제도 ④ 델파이기법: 전문가들에게 토론 없이 서면으로, 완전한 익명으로 자문을 의뢰하고, 　이를 반복·종합하여 예측결과를 도출하는 기법이다. 전문가의 직관에 의존하는 　주관적·질적 미래예측기법 ⑤ 비용-편익 분석(CBA, Cost-Benefit Analysis): 서로 대안이 될 수 있는 여러 계획 　중에서 가장 타당성이 있는 방법을 판단하는 데 이용하는 방법. 기대이익을 화폐액 　으로 표시 ⑥ 비용-효과 분석(CEA, Cost-Effect Analysis): 주어진 목적 달성을 위한 여러 가지 　서로 다른 방법을 비교하여 그중 효과가 가장 큰 방법을 찾아냄. 기대이익이 화폐 　로 표시되지 않음 ⑦ 비용-효용 분석(CUA, Cost-Utility Analysis): 보건의료프로그램의 비용과 효용 비교 　분석하는 방법으로 효용은 건강일수 혹은 질보정수명(QALY)으로 측정. 건강일수 　하루당 혹은 질보정수명1년당 최소의 비용이 소요되는 방안이나 비용 한 단위당 　최대 효용을 갖는 대안 선택

조직	① 인간의 집합체로서 공동의 목표를 추구하기 위하여 의식적으로 구성한 사회적 단위 ② 계선 조직(Line Organization): 목표 달성에 직접 기여하기 위하여 상하 명령 복종의 수직적인 계층 구조를 가진 조직으로 권한과 책임을 등급화시킨 피라미드 형태를 띰 ③ 막료 조직(참모 조직, Staff Organization): 계선 조직이 목표 달성을 원활하게 할 수 있도록 지원하는 조직으로 자문·권고·협의 조정, 정보의 수집·분석, 기획·통제, 연구 등의 기능 수행. 직접적인 명령·집행·결정권을 가지고 있지 않음 ④ 매트릭스 조직(행렬조직, Matrix): 전통적인 조직인 수직적 조직에 수평적 조직(프로젝트 조직)을 부가시켜 조직의 효율성과 유연성을 동시에 높이고자 운영하는 조직. 명령통일의 원칙에 위배됨 → 구성원들의 역할과 관련된 갈등 발생 ⑤ 프로젝트 조직: 해산을 전제로 하여 임시로 편성된 일시적 조직이며, 신규·혁신적·비일상적인 과제의 해결을 위하여 형성되는 동태적 조직		

조직의 원리	계층제의 원리	권한과 책임의 정도에 따라 직무를 등급화, 상하 계층 간의 직무상의 지휘, 복종관계 수립, 역할의 수직적 분담 체계
	통솔범위의 원리	한 사람의 관리자가 효과적으로 직접 감독·관리할 수 있는 하급자의 수를 적절하게 정하는 원리
	명령통일의 원리	한 사람의 하위자는 오직 한 사람의 상관에 의해서만 지시나 명령을 받아야 한다는 원칙
	분업의 원리 (전문화의 원리)	특정인이 담당하는 업무를 전문화하여 분업화시킴으로써 업무의 전문성과 정확·신속성을 기할 수 있다는 원칙
	조정의 원리 (통합의 원리)	공동목표를 달성할 수 있도록 특정인에게 업무를 조정하는 역할을 부여하여야 한다는 원칙. 효과적인 조정을 하기 위해서는 의사소통이 촉진되어야 한다.

		강점(내부, 긍정적)	약점(내부, 부정적)
SWOT 분석	기회 (외부, 긍정적)	강점-기회전략(SO) Maxi-Maxi 조직의 어떤 강점이 기회를 극대화하기 위해 사용될 수 있는가? 공격적 전략: 사업구조, 영역, 시장의 확대	약점-기회 전략(WO) Mini-Maxi 조직의 약점을 최소화하기 위해 확인된 기회를 활용하여 어떤 행동을 취할 수 있는가? 국면전환 전략: 구조조정, 혁신운동
	위협 (외부, 부정적)	강점-위협 전략(ST) Maxi-Mini 확인된 위협을 최소화하기 위해 조직의 강점을 어떻게 사용할 것인가? 다각화 전략: 새로운 사업 진출, 새로운 시장, 새로운 기술, 새로운 고객	약점-위협 전략(WT) Mini-Mini 위협을 회피하기 위해 조직의 약점을 어떻게 최소화할 것인가? 방어적 전략: 사업의 축소나 폐기

▌중앙보건행정조직 ▌ ···

보건 복지부	• 4실: 기획조정실, 보건의료정책실, 사회복지정책실, 인구정책실 • 5국: 건강보험정책국, 건강정책국, 보건산업정책국, 장애인정책국, 사회보장 위원회사무국 • 보건복지부 소관 기금: 국민연금기금, 국민건강증진기금, 응급의료기금

▌지역보건의료계획 ▌ ···

① 시 · 도지사 또는 시장 · 군수 · 구청장은 지역보건의료계획을 4년마다 수립하여야 한다.
② 지역보건의료계획에 포함되어야 할 사항
   ⊙ 보건의료 수요의 측정
   ⓒ 지역보건의료서비스에 관한 장기 · 단기 공급대책
   ⓒ 인력 · 조직 · 재정 등 보건의료자원의 조달 및 관리
   ⓔ 지역보건의료서비스의 제공을 위한 전달체계 구성 방안
   ⓜ 지역보건의료에 관련된 통계의 수집 및 정리

시 · 도	시 · 군 · 구
① 지역보건의료계획의 달성 목표 ② 지역현황과 전망 ③ 지역보건의료기관과 보건의료 관련기관 · 단체 간의 기능 분담 및 발전 방향 ④ 법 제11조에 따른 보건소의 기능 및 업무의 추진계획과 추진현황 ⑤ 지역보건의료기관의 인력 · 시설 등 자원 확충 및 정비 계획 ⑥ 취약계층의 건강관리 및 지역주민의 건강상태 격차 해소를 위한 추진계획 ⑦ 지역보건의료와 사회복지사업 사이의 연계성 확보 계획 ⑧ 의료기관의 병상(病床)의 수요 · 공급 ⑨ 정신질환 등의 치료를 위한 전문치료시설의 수요 · 공급 ⑩ 시 · 군 · 구 지역보건의료기관의 설치 · 운영 지원 ⑪ 시 · 군 · 구 지역보건의료기관 인력의 교육훈련 ⑫ 지역보건의료기관과 보건의료 관련기관 · 단체 간의 협력 · 연계 ⑬ 그 밖에 시 · 도지사가 지역보건의료계획을 수립함에 있어서 필요하다고 인정하는 사항	① 지역보건의료계획의 달성 목표 ② 지역현황과 전망 ③ 지역보건의료기관과 보건의료 관련기관 · 단체 간의 기능 분담 및 발전 방향 ④ 법 제11조에 따른 보건소의 기능 및 업무의 추진계획과 추진현황 ⑤ 지역보건의료기관의 인력 · 시설 등 자원 확충 및 정비 계획 ⑥ 취약계층의 건강관리 및 지역주민의 건강상태 격차 해소를 위한 추진계획 ⑦ 지역보건의료와 사회복지사업 사이의 연계성 확보 계획 ⑧ 그 밖에 시장 · 군수 · 구청장이 지역보건의료계획을 수립함에 있어서 필요하다고 인정하는 사항

▌지역보건의료기관 설치기준 ▐

(1) 보건소의 설치(「지역보건법」 제10조, 법 시행령 제8조)

① 지역주민의 건강을 증진하고 질병을 예방·관리하기 위하여 <u>시·군·구에 1개소의 보건소</u> (보건의료원을 포함한다. 이하 같다)를 설치한다. 다만, 시·군·구의 인구가 <u>30만 명을 초</u> <u>과하는 등</u> 지역주민의 보건의료를 위하여 특별히 필요하다고 인정되는 경우에는 대통령령 으로 정하는 기준에 따라 해당 지방자치단체의 조례로 보건소를 추가로 설치할 수 있다.

  ㉠ 해당 시·군·구의 인구가 30만 명을 초과하는 경우

  ㉡ 해당 시·군·구의 보건의료기관 현황 등 보건의료 여건과 아동·여성·노인·장애인 등 보건의료 취약계층의 보건의료 수요를 고려하여 보건소를 추가로 설치할 필요가 있다고 인정되는 경우

② 동일한 시·군·구에 2개 이상의 보건소가 설치되어 있는 경우 해당 지방자치단체의 조 례로 정하는 바에 따라 업무를 총괄하는 보건소를 지정하여 운영할 수 있다.

③ 보건소를 추가로 설치하려는 경우에는 「지방자치법 시행령」 제73조에 따른다. 이 경우 해당 지방자치단체의 장은 보건복지부장관과 미리 협의해야 한다.

(2) 보건의료원(「지역보건법」 제12조)

보건소 중 「의료법」에 따른 병원의 요건을 갖춘 보건소는 보건의료원이라는 명칭을 사용할 수 있다.

(3) 보건지소의 설치(「지역보건법」 제13조, 법시행령 제10조)

① 지방자치단체는 보건소의 업무수행을 위하여 필요하다고 인정하는 경우에는 대통령령으 로 정하는 기준에 따라 해당 지방자치단체의 조례로 보건소의 지소를 설치할 수 있다.

② 보건지소는 읍·면(보건소가 설치된 읍·면은 제외한다)마다 1개씩 설치할 수 있다. 다 만, 지역주민의 보건의료를 위하여 특별히 필요하다고 인정되는 경우에는 필요한 지역에 보건지소를 설치·운영하거나 여러 개의 보건지소를 통합하여 설치·운영할 수 있다.

(4) 건강생활지원센터의 설치(「지역보건법」 제14조, 법시행령 제11조)

① 보건소의 업무 중에서 특별히 지역주민의 만성질환 예방 및 건강한 생활습관 형성을 지 원하는 건강생활지원센터를 대통령령으로 정하는 기준에 따라 해당 지방자치단체의 조례 로 설치할 수 있다.

② 건강생활지원센터는 <u>읍·면·동(보건소가 설치된 읍·면·동은 제외한다)마다 1개씩 설</u> <u>치</u>할 수 있다.

(5) 보건진료소의 설치·운영(「농어촌 등 보건의료를 위한 특별조치법」 제15조, 법시행규칙 제17조)

① <u>시장 또는 군수는</u> 보건의료 취약지역의 주민에게 보건의료를 제공하기 위하여 보건진료 소를 설치·운영한다.

② 보건진료소에 보건진료원과 필요한 직원을 둔다.

③ 보건진료소는 <u>의료 취약지역을 인구 5천명 미만을 기준으로</u> 구분한 하나 또는 여러 개의 <u>리·동을 관할구역</u>으로 하여 주민이 편리하게 이용할 수 있는 장소에 설치한다.

④ 군수는 보건진료소를 설치한 때에는 지체없이 별지 제15호 서식에 따라 관할 시·도지사 를 거쳐 보건복지부장관에게 보고하여야 한다.

|보건소| ···

소속	① 행정안전부 소속 ② 보건복지부: 보건소에 대해 기술 지원 및 사업감독의 권한
보건소장	① 보건소에 보건소장 1명을 두되, 의사 면허가 있는 사람 중에서 보건소장을 임용한다. ② 의사 면허가 있는 사람 중에서 임용하기 어려운 경우에는 보건·식품위생·의료기술·의무·약무·간호·보건진료 직렬의 공무원을 보건소장으로 임용할 수 있다. ③ 보건소장은 시장·군수·구청장의 지휘·감독을 받아 보건소의 업무를 관장하고 소속 공무원을 지휘·감독하며, 관할 보건지소, 건강생활지원센터 및 보건진료소의 직원 및 업무에 대하여 지도·감독한다.
기능 및 업무	① 건강 친화적인 지역사회 여건의 조성 ② 지역보건의료정책의 기획, 조사·연구 및 평가 ㉠ 지역보건의료계획 등 보건의료 및 건강증진에 관한 중장기 계획 및 실행계획의 수립·시행 및 평가에 관한 사항 ㉡ 지역사회 건강실태조사 등 보건의료 및 건강증진에 관한 조사·연구에 관한 사항 ㉢ 보건에 관한 실험 또는 검사에 관한 사항 ③ 보건의료인 및 「보건의료기본법」 제3조제4호에 따른 보건의료기관 등에 대한 지도·관리·육성과 국민보건 향상을 위한 지도·관리 ㉠ 의료인 및 의료기관에 대한 지도 등에 관한 사항 ㉡ 의료기사·보건의료정보관리사 및 안경사에 대한 지도 등에 관한 사항 ㉢ 응급의료에 관한 사항 ㉣ 「농어촌 등 보건의료를 위한 특별조치법」에 따른 공중보건의사, 보건진료 전담공무원 및 보건진료소에 대한 지도 등에 관한 사항 ㉤ 약사에 관한 사항과 마약·향정신성의약품의 관리에 관한 사항 ㉥ 공중위생 및 식품위생에 관한 사항 ④ 보건의료 관련기관·단체, 학교, 직장 등과의 협력체계 구축 ⑤ 지역주민의 건강증진 및 질병예방·관리를 위한 다음 각 목의 지역보건의료서비스의 제공 ㉠ 국민건강증진·구강건강·영양관리사업 및 보건교육 ㉡ 감염병의 예방 및 관리 ㉢ 모성과 영유아의 건강유지·증진 ㉣ 여성·노인·장애인 등 보건의료 취약계층의 건강유지·증진 ㉤ 정신건강증진 및 생명존중에 관한 사항 ㉥ 지역주민에 대한 진료, 건강검진 및 만성질환 등의 질병관리에 관한 사항 ㉦ 가정 및 사회복지시설 등을 방문하여 행하는 보건의료 및 건강관리사업 ㉧ 난임의 예방 및 관리

제 2 장 사회보장

┃ 사회보험 ┃ ....

사회보험의 원리	특징
① 최저생활보장의 원리 ② 소득재분배의 원리 ③ 보편주의의 원리 ④ 보험료분담의 원리 ⑤ 강제가입의 원리 ⑥ 국가관리의 원리 ⑦ 국고부담의 원리	① 사회성 ② 보험성 ③ 강제성 ④ 부양성

(1) 사회보험과 민간보험 유사점
   ① 경제적 또는 의료적 보상
   ② 위험분산(보험기능)
   ③ 엄격한 확률계산에 의한 보험료, 보험급여 산정
   ④ 자산조사, 자격조건 제한 없음

(2) 사회보험과 민간보험의 차이점

구분	사회보험	민간보험(사보험)
제도의 목적	최저생계 보장 또는 기본적 의료보장	개인적 필요에 따른 보장
보험가입	강제 가입	임의 가입
수급권	법적 수급권	계약적 수급권
독점 / 경쟁	정부 및 공공기관 독점	자유경쟁
공동부담 여부	공동부담의 원칙	본인부담 위주
재원부담	능력비례 부담(차등부과)	능력무관
보험료	주로 정률제	주로 정액제
보험료 수준	위험률 상당 이하 요율	위험률 비례요율(경험률)
위험선택	불가능	가능
급여수준	균등급여	차등급여(기여비례 보상)
성격	집단보험	개별보험

(3) 우리나라 5대 사회보험

① 산업재해보상보험(1964)　　② 의료보험(1977)
③ 국민연금(1988)　　④ 고용보험(1995)
⑤ 노인장기요양보험(2008)

▌공공부조▐

특징	공공부조의 원리
① 최저생활보장의 경제부조 ② 선별적 프로그램 ③ 보충적 제도 ④ 최저생활을 유지할 수 있도록 보호 ⑤ 재원은 조세수입 ⑥ 구분 처우 ⑦ 사회불안의 통제역할 ⑧ 빈곤의 함정	① 국가책임의 원리 ② 자립보장의 원리 ③ 최저생활보장의 원리 ④ 생존권 보장의 원리 ⑤ 보충성의 원리 ⑥ 무차별(평등)의 원리 ⑦ 국가부담의 원리 ⑧ 보장청구권의 원리

<우리나라의 공공부조>
① 국민기초생활보장(1962)
② 의료급여(1977)

▌사회보험 vs 공공부조▐

구분	사회보험	공공부조
기원	공제조합	빈민법
목적	빈곤의 예방	빈곤의 완화
재정 예측성	용이	곤란
자산조사	불필요	반드시 필요
지불능력	보험료 지불능력이 있는 국민대상	보험료 지불능력이 없는 계층
개별성	의료, 질병, 실업, 노동재해, 폐질 등을 개별적으로 제도화함	의료, 질병, 실업, 노동재해, 폐질 등을 종합하여 하나의 제도로 행함
재원	가입자의 보험료	조세로 재정 확보
대상	모든 참여자	일정 기준 해당자
급여수준	자격 갖춘 사람에게 급여 지급	필요한 사람에게 지급하되 최저 필요범위 한정
사회보장에서의 위치	사회보장의 핵심, 제1사회안전망	사회보장의 보완장치, 제2사회안전망

┃의료보장제도┃ ··

(1) 의료보장의 기능
  ① 1차적 기능
    국민이 경제적 어려움을 느끼지 않는 범위 내에서 필수의료를 확보해 주는 기능
  ② 2차적 기능
    ㉠ 사회적 연대성 제고 기능
    ㉡ 소득재분배 기능
    ㉢ 비용의 형평성 기능
    ㉣ 급여의 적정성 기능
    ㉤ 위험분산의 기능

(2) 의료보장제도의 유형

구분	사회보험방식(NHI)	국가보건서비스방식(NHS)
기본 이념	국민의 1차적 자기책임의식 견지	국가책임견지
적용대상 관리	구분 관리(극빈자는 별도 구분) 보험료 납부자만 적용대상	전 국민 일괄 적용(집단구분 없음)
재원조달	보험료, 일부 국고	정부 일반조세
진료보수 산정방법	행위별수가제 또는 총액계약제 등	일반 개원의는 인두제, 병원급은 의사 봉급제
관리기구	보험자	정부기관(사회보장청 등)
채택국가	독일, 프랑스, 네덜란드, 일본, 대만, 한국 등	영국, 스웨덴, 이탈리아, 호주, 뉴질랜드 등
국민 의료비	의료비 억제기능 취약	의료비 통제효과가 강함
보험료 형평성	보험자 내 보험료 부과의 구체적 형평성 확보 가능, 보험자가 다수일 경우 보험자간 재정불균형 발생 우려	조세에 의한 재원조달로 소득재분배 효과 강함
의료 서비스	상대적으로 양질의 의료 제공, 첨단의료기술 발전에 긍정적 영향	의료의 질 저하 초래, 입원대기환자 증가(개원의의 입원의뢰 남발)
연대의식	가입자 간 연대의식 강함	가입자 간 연대의식 희박
관리운영	보험자중심 자율 운영, 직접관리운영비 소요(보험료 징수 등)	정부기관 직접관리, 직접관리운영비 부분적 축소

(3) 민간보험방식
  ① 의료보장에 있어서 민간의료보험의 역할이 크다.
  ② 미국의 생명보험회사나 손해보험회사 등 영리보험회사와 지역주민의 의료보장을 목적
    으로 하는 Blue Cross, Blue Shield 등 비영리단체, 그리고 HMO, PPO 등의 체제가
    있다.

> <미국의 공적의료보장제도>
> (1) Medicare: 65세 이상의 노인과 신체장애자, 특수질환의 중증질환자 등을 대상으로
>   하는 의료보험(연방정부)
> (2) Medicaid: 저소득층을 대상으로 하는 의료부조제도로 빈곤층 일부의 의료비를 일반
>   조세수입으로 정부가 부담하는 제도(주정부)

▎보수지불제도 ▎

행위별 수가제	① 제공된 의료서비스의 단위 당 가격에 서비스의 양을 곱한 만큼 보상하는 방식 ② 장점: 의료서비스의 양과 질이 확대, 의료인의 재량권 확대, 첨단 의·과학기술의 발달 유도 ③ 단점: 국민의료비상승, 과잉 진료, 행정적 복잡, 예방소홀
인두제	① 등록된 환자 또는 주민 수에 따라 일정액을 보상받는 방식 ② 장점: 의료의 계속성 증대, 예방에 많은 관심, 행정적 업무 절차 간편, 비용이 상대적으로 저렴함 ③ 단점: 과소진료, 서비스 최소화, 후송의뢰증가, 환자의 선택권 제한
봉급제	① 서비스 양이나 제공받는 사람 수에 상관없이 일정 기간에 따라 보상하는 방식 ② 장점: 의사의 수입이 안정, 행정 관리 용이, 동료 협조 ③ 단점: 진료의 형식화·관료화, 의료인의 자율성 저하
포괄 수가제	① 환자의 종류당 총보수단가를 설정하여 보상하는 방식 ② 장점: 행정적 간편, 경제적인 진료 수행, 의료기관의 생산성 증대, 진료표준화 ③ 단점: 과소진료, 의료서비스의 규격화·최소화, 행정직의 진료진에 대한 간섭 증대
총괄 계약제	① 지불자 측과 진료자 측이 진료보수 총액의 계약을 사전에 체결하는 방식 ② 장점: 과잉진료 감소, 의료비지출 사전예측 가능, 공급자의 자율적 규제 가능 ③ 단점: 매년 교섭의 어려움, 새로운 의료기술 도입의 어려움, 과소진료

▋본인일부부담제도 ▋ ···

정률부담제	보험자가 의료비의 일정 비율만을 지불하고 본인이 나머지 부분을 부담
일정금액 공제제	일정액까지는 본인이 지불하고 그 이상의 비용만 보험적용
급여상한제	보험급여의 최고액 이하의 의료비 보험적용하고 초과하는 의료비는 본인이 부담
정액부담제	의료서비스 건당 일정액만 의료서비스 본인 부담하고 나머지는 보험적용
정액수혜제	의료서비스 건당 일정액만 보험자가 부담하고 나머지는 본인 부담

▋국민건강보험제도 ▋ ···

제도 이해	(1) 목적(「국민건강보험법」제1조) 국민의 질병·부상에 대한 예방·진단·치료·재활과 출산·사망 및 건강증진에 대하여 보험급여를 실시함으로써 국민보건 향상과 사회보장 증진에 이바지함을 목적으로 한다. (2) 연혁

	1963. 12.	「의료보험법」 제정(300인 이상 사업장 조합 임의 설립)
	1977. 7.	500인 이상 사업장 근로자 의료보험 실시
	1979. 1.	공무원 및 사립학교교직원 의료보험 실시
	1988. 1.	농어촌지역 의료보험 실시
	1989. 7.	도시지역 의료보험 실시(전국민의료보험 실시)
	2000. 7.	• 의료보험조직 통합(국민의료보험공단 및 직장조합 통합 → 국민건강보험공단, 건강보험심사평가원 업무 개시) • 「국민건강보험법」 시행(1999년 제정)
	2003. 7.	직장·지역가입자 재정통합 운영

(3) 특징
① 강제가입
② 능력비례 차등부과, 균등급여
③ 보험료 부과방식 이원화(직장가입자, 지역가입자)
④ 모든 의료기관을 요양기관으로 지정
⑤ 행위별수가제, 제3자지불방식
⑥ 단기보험
⑦ 치료중심 급여제도
⑧ 보건의료제도 특징
　㉠ 의료공급방식: 민간주도형
　㉡ 관리통제방식: 자유방임형
　㉢ 사회보장형태: NHI(사회보험방식)

보험 급여	**요양 급여**	가입자와 피부양자의 질병, 부상, 출산 등에 대하여 다음 각 호의 요양급여를 실시한다. ① 진찰·검사, ② 약제(藥劑)·치료재료의 지급, ③ 처치·수술 및 그 밖의 치료, ④ 예방·재활, ⑤ 입원, ⑥ 간호, ⑦ 이송(移送)		
	요양비	공단은 가입자나 피부양자가 긴급하거나 그 밖의 부득이한 사유로 요양기관과 비슷한 기능을 하는 기관에서 질병·부상·출산 등에 대하여 요양을 받거나 요양기관이 아닌 장소에서 출산한 경우에는 그 요양급여에 상당하는 금액을 가입자나 피부양자에게 요양비로 지급한다.		
	부가 급여	공단은 이 법에서 정한 요양급여 외에 대통령령으로 정하는 바에 따라 임신·출산진료비, 장제비, 상병수당, 그 밖의 급여를 실시할 수 있다.		
	건강 검진	① 일반건강검진: 직장가입자, 세대주인 지역가입자, 20세 이상인 지역가입자 및 20세 이상인 피부양자(사무직 직장가입자, 지역가입자 2년에 1회, 비사무직 직장가입자 1년에 1회) ② 암검진 ③ 영유아건강검진: 6세 미만의 가입자 및 피부양자		
	비용의 일부 부담	① 본인일부부담금: 요양급여를 받는 자는 비용의 일부를 본인이 부담 ② 본인부담상한제: 요양급여비용 중 본인이 부담한 비용의 연간 총액이 기준을 넘는 경우 공단이 그 초과 금액을 부담		

	구분	**법정급여**	**부가급여**
급여 형태	**현물급여**	요양급여, 건강검진	
	현금급여	요양비, 장애인보조기기급 여비, 본인부담상한액	임신·출산진료비, 장제비, 상병수당

요양 급여 절차	(1) 가입자 또는 피부양자는 1단계 요양급여를 받은 후 2단계 요양급여를 받아야 함 　① 1단계 요양급여: 상급종합병원을 제외한 요양기관에서 받는 요양급여 　② 2단계 요양급여: 상급종합병원에서 받는 요양급여 (2) 상급종합병원에서 1단계 요양급여를 받을 수 있는 경우 　① 응급환자인 경우 　② 분만의 경우 　③ 치과에서 요양급여를 받는 경우 　④ 장애인 또는 단순 물리치료가 아닌 작업치료·운동치료 등의 재활치료가 필요하다고 인정되는 자가 재활의학과에서 요양급여를 받는 경우 　⑤ 가정의학과에서 요양급여를 받는 경우 　⑥ 당해 요양기관에서 근무하는 가입자가 요양급여를 받는 경우 　⑦ 혈우병환자가 요양급여를 받는 경우

진료비 지불	(1) 진료비 지불 ① 행위별수가제(FFS, Fee For Services)를 원칙으로 하고 있다. ② 일부 질환의 입원진료에 대해서는 포괄수가제를 적용하고 있다. ③ 요양병원, 보건기관은 정액수가제를 실시하고 있다. (2) 7개 질병군 포괄수가제 ① 환자가 입원해서 퇴원할 때까지 발생하는 진료에 대하여 질병마다 미리 정해 진 금액을 내는 제도(같은 질병이라도 환자의 합병증이나 타상병 동반여부에 따라 가격 달라질 수 있음) ② 적용대상 질병군(7개): 백내장수술, 편도 및 아데노이드 수술, 항문수술, 탈장 수술, 맹장수술, 제왕절개분만, 자궁 및 자궁부속기 수술	

보건의료체계

하부 구성 요소	보건의료자원	보건의료인력, 보건의료시설, 보건의료장비 및 물자, 보건의료 지 식 및 기술
	보건의료조직	중앙정부, 의료보험조직, 기타 정부기관, 자발적 민간단체, 민간부문
	보건의료서비스 제공	1차의료, 2차의료, 3차의료/ 1차예방, 2차예방, 3차예방
	보건의료재정	공공재원, 민간기업, 조직화된 민간기관, 지역사회의 지원, 외국의 원조, 개인지출, 기타재원
	보건의료관리	리더십, 의사결정(기획, 실행 및 실현, 감사 및 평가, 정보지원), 규제

국민의료비

앤더슨 의료 이용 모형	소인성요인	① 의료서비스 이용에 관련되는 개인적 특성들 ② 성, 연령, 결혼상태, 가족구조 등 인구학적인 변수 ③ 직업, 교육수준, 인종 등 사회구조적 변수 ④ 개인의 건강 및 의료에 대한 믿음
	가능성요인	① 소득, 건강보험, 주치의의 유무 등 개인과 가족의 자원 ② 의료인력과 시설의 분포, 의료전달체계의 특성, 의료비 등 지역사 회의 자원
	필요요인	① 환자가 느끼는 필요(욕구) ② 전문가가 판단한 의학적 필요 ③ 의료 이용을 가장 직접적으로 결정하는 요인

	의료수요 측면	공급자 측면
증가 요인	① 인구고령화 및 인구증가 ② 소득의 증가 ③ 의료보장의 확대(건강보험 실시) ④ 국민의 의식 변화	① 첨단의료장비, 의료기술의 발달 ② 인건비, 생산에 투입되는 재료비 상승 ③ 진료보수지불방법(행위별수가제) ④ 정보의 비대칭성 ⑤ 전문화, 전문의 증가

	수요 억제	공급 억제	국가의 통제
억제 방안	• 본인일부부담제도 • 1단계 의료이용 및 공공의 료 이용 강화 • 의료전달체계 강화	• 건강관리기구(HMO) • 의료수가제 개편 및 통 제: 인두제, 포괄수가제 • 이용도 검사(UR) • 의사 수 규제	• 진료시설의 표준화 • 의료인력의 통제 • 의료장비 구입의 통제 • CON

의료비 증가 원인과 관리

1. 의료비 증가 원인

(1) 의료수요 증가 요인

① 소득이 증가할 때 의료에 대한 수요가 증가한다.

② 의료보험의 확대가 의료에 대한 수요를 증가시킨다.

③ 인구의 고령화로 의료에 대한 수요가 증가한다.

④ 의료공급자에 의한 수요 증가가 있다. 의료서비스에 대한 정보의 비대칭성 및 의료공급자
에 대한 환자의 높은 의존성을 감안할 때 의료공급자는 환자의 수요에 많은 영향을 미칠
수 있다.

(2) 의료서비스 생산비용 상승 요인

① 의료서비스를 생산하는 비용은 재료비, 인건비, 시설 및 장비비 등을 포함하는 데 생산비용
의 상승은 의료수가 상승에 반영되어 결국 의료비를 증가시키게 된다.

② 우리나라에는 MRI, CT 등 고가의료장비가 과도하게 도입되어 사용되고 있는데, 고가장비의
도입은 그 자체로 비용증가로 이어져 수가상승의 원인이 되며, 또한 고가장비가 필요이상
으로 이용될 경우 건강진료비가 증가하는 결과를 초래한다.

(3) 제도적 요인

① 진료비보상방식이 의료비 증가에 영향을 미친다. 진료비 보상방식은 봉급제, 인두제, 총액
계약제와 같은 사전보상방식과 행위별수가제와 같은 사후보상방식으로 구분되는데 의료비
증가에 더 많은 영향을 미치는 것은 행위별수가제이다.

② 행위별 수가제에 의한 의료비 증가 경로
  ㉠ 정보의 비대칭성은 공급자에 의한 수요증가가 발생할 개연성을 제공한다. 공급자에 의한 수요증가는 진료비 보상방식에 따라 실제 발생하는 정도가 다르다. 공급자에 의한 수요증가가 사전보상방식 하에서는 거의 나타나지 않는 반면, 행위별수가제와 같은 사후보상방식 하에서는 쉽게 나타나 의료비의 증가로 이어지게 된다.
  ㉡ 행위별수가제 하에서는 최신 의료기술이나 고가의료장비의 도입이 신속하게 이루어지는 경향이 있는데, 이것은 의료서비스 생산비용의 상승을 가져오고 나아가 의료비를 증가시키게 된다.

2. 의료비 관리방안

(1) 수요측 관리방안
① 진료비에 대한 본인부담의 설정을 통해 의료보험하에서 나타나는 도덕적 해이를 줄일 수 있다.
② 본인부담수준이 과도하게 높을 경우 의료이용의 재정적 장벽을 낮추어 주는 의료보험의 보장성이 약화되므로 적정 수준의 본인부담 설정이 매우 중요하다.

(2) 공급측 관리방안
① 고가의료장비의 과도한 도입을 억제한다. 이를 위해 연령, 성별 등을 감안한 지역별 의료요구도를 근거로 고가장비의 균형 분포를 유도하는 것도 대안이 될 수 있다.
② 입원이나 치료의 적정성을 검토하는 등 진료 내용에 대한 실사를 강화하면 불필요한 의료제공을 감소시킬 수 있다.
③ 노인인구 증가에 대응하기 위해 적절한 서비스 제공체계를 갖출 필요가 있다. 노인요양홈이나 노인전문요양시설에서 노인전문 간호인력을 활용한 장기요양서비스를 제공하는 것은 노인의 요구에 부합되면서도 의료비를 절감할 수 있는 비용-효과적인 방법이다.

(3) 진료비 보상방식 개편
행위별 수가제는 공급자에 의한 수요 증가 혹은 의료서비스 생산비용 증가 등을 초래하는 경향이 있다. 그러므로 의료비 증가를 예방할 수 있는 진료비 보상방식의 도입이 필요하다.

MEMO

MEMO